【増補改訂版】**リクルートの伝道師(エヴァンジェリスト)が説く**

図解 **外食マーケティングの極意**

㈱ケイノーツ　代表取締役
㈱リクルートライフスタイル
ホットペッパーグルメ外食総研
エヴァンジェリスト
竹田クニ
takeda kuni

図表とイラストでわかる外食産業進化論

JN196420

言視舎

まえがき

▶外食産業はなぜ消費者視点で見ることが不得意なのだろうか？

　スタートはそこからでした。

「今、これがトレンドだ！」とか、「月坪◯十万の店」とか、今流行っている繁盛店や新しい業態を題材にした「業態論」「トレンド論」は多くありますが、**その理由や背景について論ずるものは業界内に極めて少ない**のです。

　一方で、「10年続く店は10%」が当たり前のように言われるのがこの業界。一過性のトレンドや、特例的な繁盛店を表面的に見るのではなく、そこから**外食に求められる価値の変化や消費の動向を読み取り、未来に活かしていく**にはどうしたらいいのでしょうか？

　そもそもトレンドなるものは、供給側（飲食店）が一方的に作るものではありません。受け手つまり**消費者側の変化や変化を促す背景が必ず存在する**はずなのです。

▶これまで業界になかった「消費者側から見たデータ」や「考えるためのツール」を提供したい

　本書は、（株）リクルートライフスタイルが運営するグルメサイト「**ホットペッパーグルメ**」にご掲載いただいているクライアント事例、サイト運営側だから知りうるデータ、ホットペッパーグルメ外食総研による消費に関する独自の市場調査などに加え、一般的なマーケティングフレーム、著名マーケッターの論説などを参考にしながらまとめました。

　ご承知の通り日本は成熟社会を迎え、人々の嗜好や消費行動は多様化し、昔の「一大ブーム」のようなものは起こりにくくなっています。過去の成功体験や今現在のブームに惑わされず、これからの時代の外食を考えるのに必要な「視点」や「考え方」を提供したい……そんな想いから、本書を企画いたしました。

▶本書をぜひ読んでいただきたい方

　本書は、**外食経営者**はもちろん——

・外食企業の企画部門やＳＶ、エリア長などマネジメント層
・食品・飲料メーカー、機器・設備メーカー、商社、流通
・外食コンサルタント、ジャーナリスト
・行政、街の活性化などに取り組む各種団体

　などの方々の活動に有益な情報を提供したいと考えました。

▶遅れてきた「産業革命」で業界は必ず変わる

　ホテル・旅館は、インターネットで予約することが今では当たり前になりました。しかしながら、ほんの10年前までは宿泊産業も「ウチの業界は遅れているからねぇ」と業界自らの進化に懐疑的であったのです。それがいまや、ほとんどの宿泊施設でインターネット予約ができるし、宿泊施設側もPCやタブレット端末で管理業務を行なっています。

　テクノロジーの進化により、飲食店のバックヤード業務はIT活用、機械化、外注化など、様々な分野で革命的イノベーションが起こっています。「ウチの業界は遅れてるからね」……外食の方々からもよく聞く言葉です。

　しかし、外食産業はいま大きく変わろうとしています。労働集約的な仕事をテクノロジーが劇的に改善し、働く人々は「人だからできる仕事」をお客様に提供する。サービス業としての本来的な価値の再考が求められているのです。

　外食の「産業革命」はもう始まっているのです。

▶「未来を創る仕事」を共に！

　私は「エヴァンジェリスト」というちょっと変わった肩書で活動をしています。エヴァンジェリストとは直訳すると「伝道師」という意味。自社の商品や売上だけにこだわらず、業種や会社の壁を越えて、**広く業界の進化発展に貢献するのが仕事**と考えています。

　消費者にとってさらに魅力的なサービスが提供され、働く人々も光り輝いている、外食がそんな「産業」として新たな進化発展を遂げることを願い、日々活動をしています。

　有難くもこの本を手に取っていただいた皆様、「未来を創る仕事」、ぜひご一緒しましょう。

▼外食産業におけるマーケティングの重要性

　マーケティングは、それ自体に答えがあるのではなく、考え方の要諦を学ぶものと思います。下図は事業を動かしていく要素を３つの分野に分類したものです。

　人口増加、市場拡大、所得増加という環境の20世紀ならば、人気店、繁盛店を模倣し、そのやり方をまねて「仕立て」「動かす」を頑張れば成長できたのかもしれません。しかしながら、人口減少、市場縮小、格差拡大という、20世紀とは全く逆の社会となったこれからは、20世紀の成功体験がそのまま通用することは難しい。

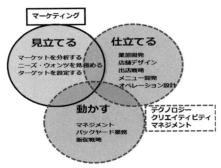

　マーケティングは、この「見立てる」の部分に当たるものだと思います。

　世の中が、市場が、これまでの日本とは違った大きな変化を迎えた今、「見立て」が非常に重要です。そして「見立て」を元に課題を設定し、「仕立てる」「動かす」でテクノロジーとクリエイティブを活用したイノベーションを起こしていくことが必要です。

　本書がテーマとする「マーケティング」は、市場や消費者の視点で考えるという点においては普遍性の高いものです。本書は初版より２年余りが経過しましたが、その間の市場の変化、テクノロジーの進化は目覚ましいものがあり、この度の改訂にあたりまして、市場調査データやインターネット関連の記述を更新し、新たな事例を追加して「増補改訂版」として発行させていただくこととなりました。

　本書が皆様のお役に立てることを切に願っております。

2018年11月

　　（株）ケイノーツ　代表取締役
　　（株）リクルートライフスタイル
　　　　ホットペッパーグルメ外食総研　エヴァンジェリスト

　　　　　　　　　　　　　　　　　　　　　　　　　　竹田クニ

※本書で取り上げる調査資料やデータは、ＷＥＢ等で入手できるよう、文中にて参照先を極力公開するようにしました。ご活用いただければ幸いです。

目次

まえがき　2

第1章　世の中の変化と外食
──高齢化だけでない街の変化、嗜好の変化を読み解く

1▶1　減る「胃袋の数」と外食の関係──人口減少、少子高齢化　11

1▶2　増える単独世帯とおひとり様需要
　　　──世帯数第一位は単独世帯　13

1▶3　首都圏外縁部に多い団塊世代と都心に集まる団塊ジュニア
　　　──街ごとに異なる人口動態　16

1▶4　「タウン」ごとに外食市場はどう違うのか？
　　　──外食市場調査　20

　　1▶4▶1　首都圏、東海圏、関西圏、3圏域全体の市場規模、外食回数、単価
　　　　　　の変化　22

　　1▶4▶2　業態別の市場動向　24

　　1▶4▶3　業態別、性年代別傾向　26

　　1▶4▶4　タウン別ランキング　街ごとに異なる消費　28

　　1▶4▶5　外食＋中食＝「食」が伸びている街は？　34

　　1▶4▶6　関西圏の調査データ　36

　　1▶4▶7　東海圏の調査データ　40

1▶5　外食、中食、内食ボーダレス時代の到来　44

　　1▶5▶1　ボーダレスな競争　44

　　1▶5▶2　胃袋の数が減少する一方で、なぜ外食、中食マーケットが
　　　　　　拡大しているのか？　46

1▶6　インバウンドはマーケットの構造変化と考えるべし　47

　　1▶6▶1　株式会社ワンダーテーブル代表取締役　秋元巳智雄氏インタ
　　　　　　ビュー　48

第2章　飲食店のためのマーケティング「街×ターゲット×シーン」
──「ターゲットは 20 代女性」だけでは うまくいかない！

2▶1 「街」──どんな会社や施設があって、どんな人々がいて、どんな外食をしているのか？ 52

2▶1▶1 鳥の目→街を俯瞰して見る　52

2▶1▶2 魚の目＝どんな店が繁盛していて　虫の目＝どんな人々が外食しているのか？　54

2▶1▶3 ワインバルの聖地はなぜできたのか？
──ワインバル聖地（八丁堀、新川、新富町）　55

2▶1▶4 同一エリアでも異なる客層によって戦略を変える　58

2▶1▶5 地方都市や非繁華街では「絞り過ぎず」、複数のターゲットを「明確に」することが大切　59

2▶1▶6 居酒屋のファミリー利用「いざか族」　60

2▶1▶7 「ポータグルメ市場」を狙え！　62

2▶1▶8 飲食店はメディアでありコミュニティである　64

2▶1▶9 外食人にありがちな「間違った視察」　65

2▶2 「ターゲット」──同じ性年代でもこれだけ違う、消費者の 11 タイプ「外食する人びと図鑑」 66

2▶2▶1 20 代でこれだけ違う志向と行動　68

2▶2▶2 外食回数の多いオジサンたちはライフスタイルで大きな違い　70

2▶2▶3 存在感大きいシニア消費だが徐々に減衰も　72

2▶2▶4 趣味的外食が多いライフスタイルリッチ層　74

2▶2▶5 外食市場の中では 2 極化の傾向　75

2▶2▶6 エンゲル係数上昇の中で進む「二極化」　76

2▶2▶7 「外食する人びと図鑑」全 11 タイプ　77

2▶2▶8 これからの消費、カルチャーに影響を与える「ミレニアル世代」「ジェネレーション Z」　91

**2▶3 「シーン」＝ “ 一人十色 ” の外食機会
──目的や同行者によって変わる店選び** 93

2▶3▶1 十人十色の外食機会　93

2▶3▶2 「街×ターゲット×シーン」≒ STP マーケティング　95

2▶3▶3 考え方＝マーケティング戦略で勝つ！ 飲食店の成功事例 97

2▶3▶4 大手チェーンに挟まれた立地で躍進したカレー専門店──バリューカーブという競争戦略の可視化 99

2▶3▶5 しゃぶしゃぶのライバルは居酒屋──シーンで異なる店の選ばれ方 101

2▶3▶6 ターゲットの「店探し」の条件に合った訴求ができているか？ 102

2▶3▶7 本当に来てほしい客層は誰か？ 103
・単なる安売りでないクーポンの活用とは？ 104
・ピークタイムの集客、稼働率 UP のためのクーポン活用 105

2▶4 集客の構造化とインターネット活用の基本 106
2▶4▶1 集客を「構造的」に考える 106

2▶5 インターネット上でお店はどう選ばれているのか？ 110
2▶5▶1 インターネット上の店探しは、3つのレイヤーで分化 111

2▶5▶2 「何に掲載するのが一番良いのか？」はもはや愚問。ターゲット顧客をイメージして最適な情報発信を 112
・インフルエンサーの影響力 114
・消費者には "フィルター" が必要 114 ・PESO モデル 115

2▶5▶3 繁盛店・人気店で必要な「レピュテーション・マネジメント」 115

2▶5▶4 ネット予約、ポイント、キャッシュレス
──テクノロジーがもたらす業務改革 116
・ポイント経済圏との連動 116
・キャッシュレスへの取り組み 117
・ネット予約の課題と対策 117
・ダブルブッキング防止と在庫管理 118

第3章 外食の未来を考える
──ブームやトレンドの背景にある市場の変化と 消費者の価値観の変化

3▶1 ブームの背景に「世代ミックス」──ファミレスブームと居酒屋チェーンブーム、バルブームはなぜ起きたのか？ 120
・ファミレスブーム 120 ・居酒屋ブーム 121
・居酒屋デフレ後に登場したバルブーム 121

3▶2　アメリカに倣った高度成長期、ヨーロッパに憧れたバブル期
　　　──消費の価値観の変化を読み取る　122
　・高度経済成長期　大量生産、大量消費　124
　・オイルショックを経て、量から質の消費へと変化　125
　・人口減少、市場縮小、格差拡大の中、「社会的な正しさ」を問う消費
　　が芽生える　125
　・「第四の消費」と外食　125

3▶3　「意味」や「責任」を問う消費とは何か？
　　　──全世界的に起こっている消費の価値観の変化　126
　3▶3▶1　「イミ消費」──消費の意味や意義を問う価値観　127
　　・「イミ消費」とは何か？　128
　　・「モノ」から「コト」、そして「イミ消費」へ　128
　　・消費者が支持する「企業としての取り組み」　129
　3▶3▶2　外食「ならでは」の価値とは何か？　131
　　・「イミ消費」の視点から考えた、これから大切になる「価値」　133
　　・「イミ消費」的価値のキーワード　133
　3▶3▶3　「同質化」が招いた生産性の低下　134
　3▶3▶4　エンゲル係数の上昇とシニア市場の変化　136
　3▶3▶5　世の中の変化と外食の競争環境　138
　3▶3▶6　「需要＜供給」──これまでと全く異なる競争環境　139
　3▶3▶7　外食産業を取り巻く機会と脅威　141

第4章　外食産業の進化に向けて
──遅れてきた産業革命を契機に魅力的な産業へ変身する

4▶1　そもそも「生産性」とは何か？　142
　4▶1▶1　20世紀に起きてしまった「負のスパイラル」　142
　4▶1▶2　テクノロジーを活用して付加価値を高めることによる「生産
　　　　　性向上」　143
4▶2　その「価値」は「人」が生み出しているのか？
　　　──機械化、「ロボット化」による効率化と付加価値向上　150

4▶3　遅れてきた「産業革命」──「ICT」活用で飛躍的に効率が上がる　151

4▶3▶1　バックヤード業務の「4つの業務領域」×「現場」「経営」の2
つのレイヤーで多様なサービスが登場　152

4▶3▶2　領域・レイヤーをまたぐシステムをどう作り上げるかがカギ　153

＜販売促進、顧客管理＞－ネット予約を契機に進化が加速　153

＜発注、仕入れ＞　153　＜労務管理＞　154

＜事例＞シフト管理業務を7割削減　155

＜業績管理、会計管理＞　157

＜事例＞多様なプロダクトの連携で、生産性向上をサポート
Airマーケット　158

4▶3▶3　「機械でできることは機械に」「人でしかできないことは人に」
158

「現場が使いこなせない」は本当の課題か？　160

ICT活用は「手段」。「目的」をいかに達成できるか　160

4▶4　共同化、集中化──官民で取り組むべきニッポンの課題　161

4▶5　経営課題として重さが増す「人材マネジメント」
──休眠労働力、外国人労働力の活用　165

4▶5▶1　ありのママ採用　167

4▶5▶2　プチ勤務　168

＜事例＞（株）ドン・キホーテ　170　＜事例＞鳥貴族　172

4▶5▶3　市場の国際化に対応したチーム作り「多国籍スクラムバイト」
172

4▶5▶4　日本的ガンバリズムが生んだ「過重労働」を生む構造　177

4▶5▶5　「潜在ワーカー」の活用と同時に、意識改革が必要　178

4▶6　働く人々が光り輝く「産業」創造へ──サービス業の生産性向
上は日本の課題であり、希望である　179

4▶7　ホスピタリティビジネスの「産業化」　181

4▶7▶1　ロイヤルホールディングス株式会社　会長（兼）CEO
一般社団法人日本フードサービス協会　第17代会長
菊地唯夫氏インタビュー　181

4▶7▶2　20世紀の成功体験からの脱却　189

あとがき　191

第1章

世の中の変化と外食
——高齢化だけではない街の変化、嗜好の変化を読み解く

　人口減少、高齢化、このことは予想でなく、必ず起こる。
　外食産業は、ほとんどすべての人々の食に関わる業界だが、その「市場」は人口減少だけでなく、人口動態や世代ごとの消費の特徴に大きく影響され、またそれぞれが地域、街によって異なるという複雑さを持つ。
　これからの外食産業を考えるに当たり、本書ではまず、市場の現状についてマクロデータを復習した後、**性年齢**や**世代**、**地域**や**職業**など、**さまざまな角度から市場を見る**ことからスタートしたい。

図表1-1　年齢別人口推移と高齢化率推移

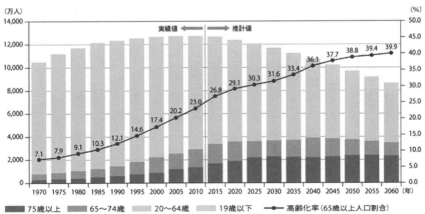

出典：総務省「国勢調査」及び「人口推計」、国立社会保障・人口問題研究所「日本の将来推計人口（平成24年1月推計）：出生中位・死亡中位推計（各年10月1日現在人口）、厚生労働省「人口動態統計」

1▶1　減る「胃袋の数」と外食の関係──人口減少、少子高齢化

まず確認しておきたいのは、日本の人口減少の姿だ。

人口減少＝「胃袋の数」が減るということであり、それはそのまま外食市場の縮小を意味する。

図表1-1 は、総人口と年代別の人口構成の推移だが、押さえておきたいポイントとしては、

・2008年に日本の人口はピークを迎え、その後減少に転じている
・高齢者比率は2020年を過ぎると65歳以上が3割を超えてくる
・15～64歳の労働力人口が減少し、特に若年労働力が加速度的に減少していく

という3点。

市場が縮小するだけでなく、労働力供給の面でも、さらに厳しい時代がやってくることは間違いない事実なのである。

続いて、性年齢別の人口動態を見てみる。

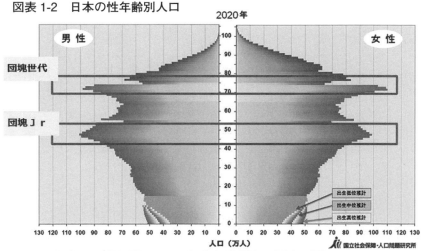

図表1-2　日本の性年齢別人口

「日本の将来推計人口（平成24年1月推計）」（国立社会保障・人口問題研究所）
　　　（http://www.ipss.go.jp/syoushika/tohkei/newest04/sh2401top.html）を加工して作成

図表 1-2 はおなじみの人口ピラミッドだが、2020 年を迎えると、2007 年前後に還暦を迎えた「団塊の世代」は 70 代を迎え、あと数年ほどで後期高齢者となる。その子供である「団塊ジュニア世代」は 40 代中盤〜後半に差し掛かる。

　団塊の世代と団塊ジュニア世代……この 2 つのボリュームゾーンは過去に外食産業に大きな影響を与えてきた。

　例えば団塊世代が 30 代の子育て時期だった 70 年代にファミレスブームが起こり、彼らが 40 代の働き盛りの時期には居酒屋ブームが起きている。

　こうしたブームは当時の景況や社会情勢などももちろん影響しているわけだが、人口動態は市場に影響を与える最も基本的な要因と言ってよい。

1▶2　増える単独世帯とおひとり様需要
——世帯数第一位は単独世帯

人口減少だけでなく、社会の「質的変化」も顕著である。

日本の「世帯」は2007年を境に「夫婦＋子」の世帯数を「単独世帯」が抜き、現在最も多くなっている。また「ひとり親＋子」世帯も近年増加している。

さらには「近居」や「隣居」（親世帯の近くに居住）や、「週末同居」（平日は仕事などの都合上職住接近で、週末は一緒に過ごす）など新たな家庭の姿も増えてきていると言われ、多様化がさらに進んでいる。

図表1-3　世帯タイプ別の世帯数の推移

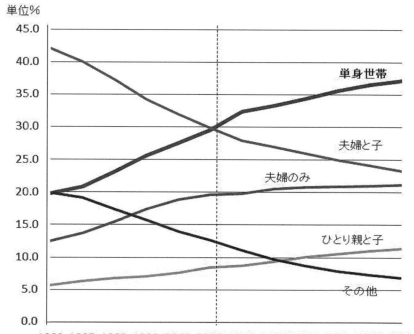

資料：総務省「国勢調査」、国立社会保障・人口問題研究所「日本の世帯数の将来推計（全国推計）2013（平成25）年1月推計」
注：1）国勢調査における「単独世帯」を「単身世帯」と表記
　　2）昭和55（1980）年から平成12（2000）年までは旧家族類型の割合

図表1-4 外食産業・中食産業の市場規模推移

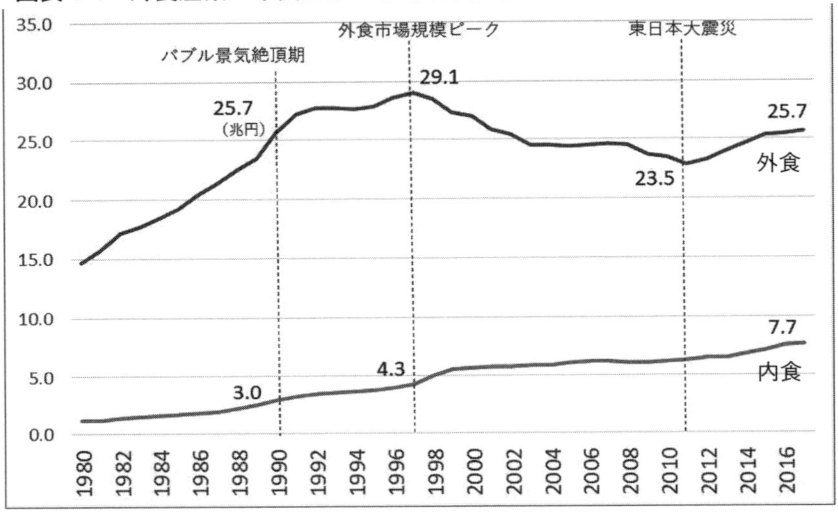

出典:公益財団法人 食の安全・安心財団 「外食産業市場規模推移」データを元に作成

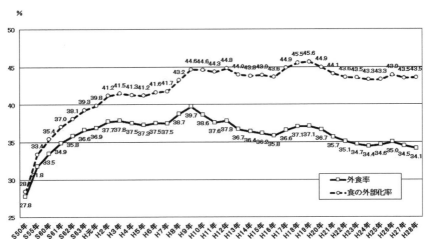

図表1-5 食の外部化率、外食率の推移

出典:公益財団法人 食の安全・安心財団 「外食産業市場規模推移」データを元に作成

中食伸長の背景にある世帯の変化、多様化

　図表 1-4 に見るとおり、中食市場は増え続けており、2017 年には中食（惣菜）市場は 10 兆円の大台を突破した（日本惣菜協会「2018 年度版惣菜白書」）。おひとり様世帯の増加は「おひとり様消費」に繋がり、また世帯の姿の多様化は「個食」（家族がそれぞれ食事をとる or 別のものを食べる）という多様性に繋がっており、こうした食ニーズにコンビニやスーパーマーケット、テイクアウト業態といった中食が応えているといえる。

　一方で、**図表 1-5** を見ると、2011 年以降、外食市場も増加を続けている。「胃袋の数」が減少する中、外食市場が伸びているのは矛盾しているように思えるが、この理由は「食の外部化率の上昇」「インバウンド消費の増加」「調査手法が事業所の業績ベースであること」が影響していると思われる。「食の外部化率」については、デリバリーやテイクアウト、ミールキット等、外食／中食／内食という分類ではとらえ切れない新たなカテゴリーの登場を考えると、調査データよりもさらに高くなっている可能性がある（特に大都市圏）。

　食の外部化率
　　　＝家計の飲食料費における「広義の外食費（外食＋中食）」の割合
　外食率
　　　＝家計の飲食料費における「狭義の外食費（外食のみ）」の割合

1▶3　首都圏外縁部に多い団塊世代と都心に集まる団塊ジュニア
　　　──街ごとに異なる人口動態

　こうした人口の変化、単独世帯の増加は、当然ながら地域ごとに差がある。

　図表1-6は総務省「国勢調査」データをもとに、団塊世代の構成比を市区町村別に表わしている。この地図上に国道16号線と環状8号線〜環状7号線の東部を重ね合わせてみると、団塊世代＝高齢者が国道16号線周辺という首都圏「外縁部」で比率が高いことがわかる。

　既に現役を退いた人も多い団塊世代は、5年前の調査と比べて都心部で比率が下がっており、特に城西、城南エリアで比率が低い。

図表1-6　団塊世代（1947〜1949年生まれ）の構成比が高い市区町村

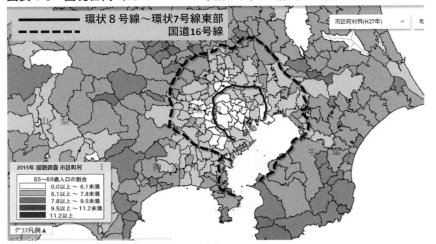

出典：総務省「国勢調査」2015年データより作成

　人口ピラミッドのもう一つの人口のボリュームゾーンである団塊ジュニアを見てみると、80年代には当然ながら彼らの親である団塊世代の居住地と同じ分布となっていたが、成人し独立し40代半ばを迎えた2015年を見てみると**図表1-7**のごとく都市部によった分布を示す。

図表 1-7　団塊ジュニアの構成比が高い市区町村

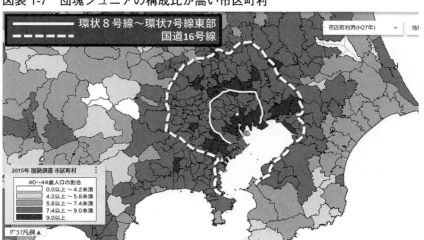

出典：総務省「国勢調査」2015 年データより作成

　近年では、未婚率が上昇しており、団塊ジュニアの未婚率は 2015 年データで男性 3 割弱、女性 2 割弱と、高い数値を示す。

　団塊世代はあと数年で後期高齢者を迎え、死別など単独世帯となるケースも増えてくる。その子である団塊ジュニア世代は 40 代後半を迎え、ビジネスでもファミリーでも消費機会の多い年代に差し掛かる一方で、未婚率も高く単独世帯も多い。この 2 つのボリュームゾーン世代が多く居住する首都圏外縁部…国道 16 号線沿線、環状 8 号線沿線では、「食市場の伸び率が高い」、「ひとりメシのシェアが高い」など大きな影響を受けていると思われる。

都市部は人口が増えている

　1990 年代は首都圏をはじめとする都市部で人口減少、対する郊外や地方都市で人口増加がみられたが、近年では首都圏各県、愛知県、沖縄県、福岡県で人口がわずかに上昇している。

　東京一極集中などと言われるが、もっと細かく市区町村でみれば街ごとに状況は異なる。

　人口減少、少子高齢化、単身世帯の増加は全国的な傾向であるといっても、それは全国一律なのではなく、当然地域によって異なる。住む、働く人々や地域の産業によって街は特徴が異なり、その特徴の違いは「消費」の違いを

図表 1-8　年齢別の男女の未婚率の推移（％）

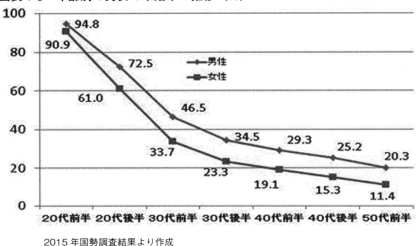

2015年国勢調査結果より作成

必ず生む。

　こうした「街」ごとの市場の違いをもっと定量的に知ることが出来ないか？という想いから、（株）リクルートライフスタイル　ホットペッパーグルメ外食総研では**「外食市場調査」**と呼ぶ調査を2013年より継続して実施している。

第1章　世の中の変化と外食　19

図表 1-9　都道府県別人口増減率

	平成27年→28年	平成28年→29年		平成27年→28年	平成28年→29年
全　国	-1.3	-1.8	佐　賀　県	-5.4	-5.5
東　京　都	8.0	7.3	福　井　県	-5.5	-4.9
沖　縄　県	4.0	2.6	北　海　道	-5.6	-5.9
埼　玉　県	3.2	2.8	大　分　県	-5.7	-6.5
愛　知　県	3.2	2.4	奈　良　県	-5.9	-6.5
千　葉　県	2.1	1.6	山　梨　県	-6.3	-7.7
神　奈　川　県	2.0	1.5	島　根　県	-6.4	-7.3
福　岡　県	0.6	0.4	鹿　児　島　県	-6.6	-7.1
滋　賀　県	-0.1	-0.2	熊　本　県	-6.7	-5.0
大　阪　府	-0.8	-1.0	鳥　取　県	-6.8	-7.8
宮　城　県	-1.6	-2.9	福　島　県	-6.9	-9.7
京　都　府	-1.9	-2.4	宮　崎　県	-7.2	-6.7
広　島　県	-2.3	-3.0	山　口　県	-7.4	-8.2
石　川　県	-2.7	-3.0	徳　島　県	-7.4	-9.1
兵　庫　県	-2.7	-3.1	愛　媛　県	-7.5	-7.9
群　馬　県	-3.0	-3.8	長　崎　県	-7.5	-9.3
静　岡　県	-3.4	-3.3	新　潟　県	-8.0	-8.5
岡　山　県	-3.6	-3.9	岩　手　県	-9.1	-10.4
茨　城　県	-4.2	-4.3	山　形　県	-9.6	-10.3
栃　木　県	-4.2	-4.6	和　歌　山　県	-9.9	-9.6
三　重　県	-4.2	-4.8	高　知　県	-10.0	-10.1
香　川　県	-4.3	-4.8	青　森　県	-11.3	-11.6
富　山　県	-4.7	-5.0	秋　田　県	-13.0	-14.0
岐　阜　県	-4.9	-6.7			
長　野　県	-5.1	-5.9			

出典：総務省統計局

注　1）増減数を期首人口で除したもの（千人比、‰）
　　2）期首人口は平成22年及び27年国勢調査結果による補間補正人口

1▶4 「タウン」ごとに外食市場はどう違うのか？
──外食市場調査

　ホットペッパーグルメ外食総研では、「食」に関する調査をいくつか行なっているが、その代表的な一つが「外食市場調査」である。

　この調査は、首都圏、東海圏、関西圏の３つの圏域で行なっている消費者調査で、夕方以降の食事について、約１万名に対し「日記調査」と呼ばれる方法を採用（毎日の夕方以降の飲食の「日記」をつけてもらい集計する方式）、2013年から月次および年間の推移について発表している。

〈外食市場調査でヒアリングしている項目〉

　どこで（街）　　　　　何を目的に（シーン）

　どんな店で（業態や店）　いくら（金額）

　誰と（同伴者）　　　　店で（外食）or 持ち帰り・出前・宅配（中食）

　何人で（人数）

外食市場調査2017年度　ホットペッパーグルメ外食総研調べ
調査概要
◆**調査対象**：首都圏中心部からの鉄道距離が、おおむね90分圏に含まれる市区町村に住む20
　　　　　　　〜69歳の男女
　　　　　　　関西圏中心部からの鉄道距離が、おおむね80分圏に含まれる市区町村に住む20
　　　　　　　〜69歳の男女
　　　　　　　東海圏中心部からの鉄道距離が、おおむね60分圏に含まれる市区町村に住む20
　　　　　　　〜69歳の男女
◆**調査内容**：2017年4月〜2018年3月の1年間における、毎日の夕方以降の食事について、外食・
　　　　　　　中食の有無、外食の内容等について聴取
◆**調査方法**：インターネット調査（毎日の夕食について用紙に日々記録してもらい、1ヶ月後
　　　　　　　にまとめてインターネットで記録した内容を入力・回収）
◆**サンプル数**：個人単位　毎月平均　10,087件、外食単位　384,175件（※3圏域計、補正後の件数）。
◆**集計方法等**：
・H27年の人口統計に基づき、性別2区分×年代5区分（10歳刻み）×地域25区分＝250区分
　に割付けて回収し、ウエイトバック集計をおこなっている。
・毎月の外食単位、中食単位のウエイトバックの地のサンプルを合算して、年間集計をおこなっ
　ている。そのため、構成比の合計が100％にならない場合がある。
・外食は、夕方以降、お店で食事した場合を対象。飲酒のみ、喫茶のみの場合を含む。夕方以降、
　複数回外食した場合1日あたり2回まで（2軒目まで）の対象を含む。
・中食は、夕方以降、外で買ってきたものを食べた、出前や宅配を利用した場合を対象。食事の
　一部を買って食べた場合も含む。購入金額の上位2位までの中食を含む。
・圏域外（海外、圏域外の都道府県）でおこなわれた外食や中食は含んでいない。ただし、圏域
　内への旅行・出張は含まれる。

第1章 世の中の変化と外食　21

　この調査は、「タウン」という概念をもっていることが大きな特徴。ここでいうタウンとは、外食数の多い駅などをベースに商業地域の広がりを独自に加味し、「同一の商圏」と思われる街を「タウン」という名称で設定している。タウンによって異なる「食」消費の姿を年代別や業態別、さらには外食の目的や同行者など、様々なクロスで分析をすることができる。

　外食の市場について、「消費者側」から調査した大規模調査であることが特徴で、外食産業に携わる皆様にはぜひご活用いただきたいと考えている。

　なお、本調査は毎月、最新の月次動向を発表しているほか、通年での集計データを web 上に公開しており、ご参照いただきたい。

（株）リクルートライフスタイル
ホットペッパーグルメ外食総研
https://www.hotpepper.jp/ggs/

1▶4▶1　首都圏、東海圏、関西圏、３圏域全体の市場規模、外食回数、単価の変化

外食単価、回数、市場規模とも上昇

３圏域全体の傾向についてまず見てみよう。

図表 1-10　年間の外食頻度、外食単価、延べ外食回数、外食市場規模〈推計値〉

	人口推計	調査結果				推計結果			
		個人単位集計		外食単位集計					
	人口(万人)	1カ月あたりの外食実施率(%)	1カ月あたりの実施者の外食頻度(回/月)	外食単価(円/回)	前年度比	延べ外食回数(万回)	前年度比	外食市場規模(億円)	前年度比
	〈A〉	〈B〉	〈C〉	〈D〉		A*B*C*12=〈E〉		D*E=〈F〉	
3圏域計									
2017年度・年間	4,135 万人	76.3 %	4.17 回/月	2,583 円	101.8%	157,767 万回	102.1%	40,752 億円	104.0%
2016年度・年間	4,141 万人	75.8 %	4.10 回/月	2,537 円	99.3%	154,479 万回	97.1%	39,194 億円	96.4%
2015年度・年間	4,168 万人	76.1 %	4.18 回/月	2,556 円	103.6%	159,114 万回	98.3%	40,668 億円	101.9%
2014年度・年間	4,200 万人	75.9 %	4.23 回/月	2,467 円	104.1%	161,835 万回	96.9%	39,918 億円	100.9%
2013年度・年間	4,267 万人	76.3 %	4.28 回/月	2,369 円		167,028 万回		39,574 億円	
首都圏									
2017年度・年間	2,354 万人	76.1 %	4.40 回/月	2,636 円	101.9%	94,571 万回	102.2%	24,924 億円	104.2%
2016年度・年間	2,353 万人	75.6 %	4.34 回/月	2,585 円	98.9%	92,521 万回	96.9%	23,919 億円	95.8%
2015年度・年間	2,364 万人	76.0 %	4.43 回/月	2,614 円	104.0%	95,478 万回	97.5%	24,956 億円	101.4%
2014年度・年間	2,379 万人	75.9 %	4.52 回/月	2,513 円	104.7%	97,928 万回	98.0%	24,606 億円	102.6%
2013年度・年間	2,410 万人	76.1 %	4.54 回/月	2,400 円		99,922 万回		23,980 億円	
関西圏									
2017年度・年間	1,148 万人	76.1 %	3.99 回/月	2,620 円	101.7%	41,857 万回	101.8%	10,965 億円	103.5%
2016年度・年間	1,154 万人	75.6 %	3.93 回/月	2,577 円	100.1%	41,116 万回	96.7%	10,594 億円	96.8%
2015年度・年間	1,167 万人	75.9 %	4.00 回/月	2,575 円	103.6%	42,510 万回	100.4%	10,944 億円	104.0%
2014年度・年間	1,179 万人	75.5 %	3.96 回/月	2,485 円	102.8%	42,359 万回	94.5%	10,525 億円	97.1%
2013年度・年間	1,204 万人	76.5 %	4.05 回/月	2,418 円		44,815 万回		10,836 億円	
東海圏									
2017年度・年間	633 万人	77.0 %	3.65 回/月	2,279 円	101.5%	21,338 万回	102.4%	4,863 億円	103.9%
2016年度・年間	634 万人	76.7 %	3.57 回/月	2,246 円	99.5%	20,842 万回	98.7%	4,682 億円	98.1%
2015年度・年間	637 万人	76.5 %	3.60 回/月	2,258 円	101.6%	21,126 万回	98.0%	4,770 億円	99.6%
2014年度・年間	642 万人	76.5 %	3.66 回/月	2,222 円	104.1%	21,548 万回	96.7%	4,787 億円	100.6%
2013年度・年間	653 万人	76.5 %	3.71 回/月	2,135 円		22,291 万回		4,759 億円	

※基準人口は、2017年度：H27国勢調査人口、2016年度：H26人口推計、2015年度：H25人口推計、2014年度：H24人口推計、2013年度：H22国勢調査人口
※年間の外食市場規模は、有効桁数の関係で、毎月公表している月別の外食市場規模の合計と完全には合致しない

　2017年度の外食市場（2017年4月〜2018年3月）は、３圏域とも外食単価、回数、市場規模において前年を上回った。

　特に単価については、３圏域平均が３年前の2014年度が2400円前後の推移だったのに対し、2017年度は2500円前後の推移と100円程度上昇している。

　本調査は月ごとに調査票を回収・集計しており、月次の推移をみることができる。

　外食市場は例年の傾向として、繁忙期である12月、送別会などが増える３月、ゴールデンウィークのある５月、夏休みのある７・８月に他月と比べて高い数値を記録するが、2017年の５月は例年の傾向に反して低位であった。

第1章 世の中の変化と外食　23

こうした繁忙期での変動は、景気動向に加え、天候や災害、観光シーズンであれば為替や社会情勢、あるいは選挙やオリンピック、ワールドカップなど大イベントの影響が少なくないため、振り返りを今後に生かしていただきたい。

図表1-11　月ごとの各データ推移

外食市場調査（2018年9月度）

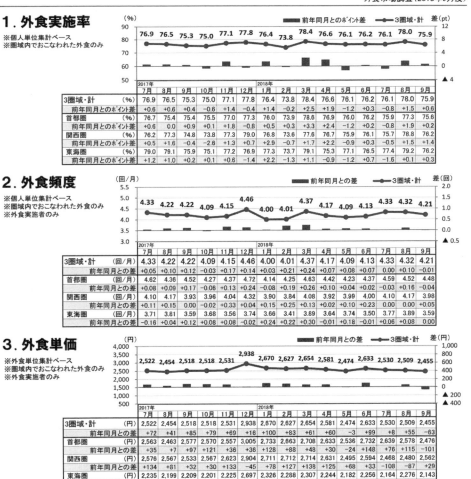

1▶4▶2　業態別の市場動向

　続いて業態別の市場動向について見てみる。

　図表 1-12 は 3 圏域合計の業態別の単価、回数、市場規模を表し、2017 年度の傾向として注目されるのは以下の通り。

・2013 年の調査開始以来、毎年前年比がマイナスであった「居酒屋」がプラスに転じた。

・肉業態が好調。「焼肉、ステーキ、ハンバーグ等の専業店」「すき焼き、しゃぶしゃぶ等の専業店」の前年伸び率が高い。

・立食いのラーメン、うどん、そば業態が高い伸び。

・アジアン料理が伸びている。

　中でも「居酒屋」の前年比がプラスに転じたことはトピックスで、市場規模の大きさから考えても影響は大きいと思われる。ここ数年の昭和居酒屋回

図表 1-12　3 圏域合計の業態別の単価、回数、市場規模 （2017 年度）

| | | | 調査結果 | | | 推計結果 | | | |
| | | | | 外食単位集計 | | | 延べ外食回数
（万回） | | 外食市場規模
（億円） | |
			構成比 （%） 〈G〉	外食単価 （円/回） 〈H〉	前年度比	年間推計*〈G〉=〈I〉	前年度比	〈I〉*〈H〉	前年度比
3圏域計		2017年度・年間	100.0 %	2,583 円	101.8%	157,767 万回	102.1%	40,752 億円	104.0%
3圏域計	食事主体	和食料理店	10.1 %	3,868 円	102.0%	15,918 万回	102.9%	6,157 億円	104.1%
		中華料理店	6.6 %	2,253 円	102.2%	10,354 万回	103.1%	2,333 億円	105.4%
		レストラン、食堂、ダイニング、洋食店	6.2 %	2,187 円	103.1%	9,704 万回	99.9%	2,122 億円	103.0%
		フレンチ・イタリア料理店	4.7 %	4,252 円	103.9%	7,453 万回	100.0%	3,169 億円	103.9%
		アジアン料理店	1.6 %	2,797 円	101.0%	2,498 万回	107.6%	699 億円	108.7%
		その他の各国料理店	0.8 %	3,048 円	100.4%	1,312 万回	100.2%	400 億円	100.7%
		焼肉、ステーキ、ハンバーグ等の専業店	7.3 %	3,437 円	101.8%	11,521 万回	108.4%	3,959 億円	110.3%
		お好み焼き、鉄板焼き等の専業店	1.6 %	2,502 円	101.6%	2,596 万回	103.9%	649 億円	105.5%
		すき焼き、しゃぶしゃぶ、鍋、おでん等の専業店	1.6 %	3,743 円	102.8%	2,460 万回	113.3%	921 億円	116.5%
		ファミリーレストラン、回転すし店	12.6 %	1,419 円	101.5%	19,836 万回	102.5%	2,815 億円	104.1%
		ラーメン、そば、うどん、パスタ、ピザ等の専業店	10.8 %	1,048 円	101.6%	17,055 万回	102.6%	1,788 億円	104.3%
		その他の食事を主体とする業態の店	3.2 %	1,703 円	96.1%	5,048 万回	98.3%	860 億円	94.4%
	飲酒主体	居酒屋	16.7 %	3,477 円	100.6%	26,294 万回	100.4%	9,143 億円	101.0%
		バー、バル、ワインバー、ビアホール、パブ	2.4 %	3,785 円	100.5%	3,801 万回	102.7%	1,439 億円	103.3%
		カラオケボックス	0.4 %	2,796 円	106.9%	654 万回	98.4%	183 億円	105.2%
		スナック、ナイトクラブ、キャバレー	0.5 %	7,940 円	101.5%	837 万回	102.0%	665 億円	103.4%
		その他の飲酒を主体とする業態の店	0.4 %	2,897 円	96.9%	586 万回	99.8%	170 億円	96.7%
	軽食主体	ファストフード	2.1 %	756 円	101.7%	3,368 万回	101.2%	255 億円	103.0%
		牛丼、カレー等、一品もの専売業態	4.0 %	699 円	103.1%	6,287 万回	100.5%	440 億円	103.5%
		立食のラーメン、うどん・そば業態	0.7 %	665 円	105.8%	1,071 万回	113.1%	71 億円	119.6%
		喫茶店・カフェ	1.8 %	1,133 円	103.6%	2,782 万回	101.4%	315 億円	105.0%
		その他の軽食を主体とする業態の店	0.6 %	1,010 円	101.6%	958 万回	102.2%	97 億円	103.8%
	その他	ホテルや各種会場	1.4 %	6,323 円	106.8%	2,171 万回	96.8%	1,373 億円	103.4%
		旅行・出張先のホテルや旅館	0.5 %	5,893 円	107.4%	756 万回	91.2%	445 億円	98.0%
		その他	1.6 %	1,370 円	106.3%	2,447 万回	96.6%	335 億円	102.6%

帰、大衆居酒屋、横丁ブーム、チョイ飲みなど、現在の消費者の嗜好・価値観に合った業態や提供スタイルへの業界全体の取り組みが奏功したと思われる。

肉業態ではここ数年のブームが根強く、4年連続の前年UPとなった。

食事業態では「立食のラーメン、うどん、そば業態」が伸びている。特に関西圏で市場規模前年比150%超を記録するなど、3圏域で単価、回数、市場規模の伸び率が高い。これは、一人での外食＝「ひとりめし」が増えているこのの証左ではないかと考えられ、背景としては前述の単独世帯の増加による影響が大きいと思われる。"おひとり様市場"にマッチする新業態の登場、出店が進んだことも影響しているはずだ。

1▶4▶3　業態別、性年代別傾向

　続いて業態別の性年代別傾向を見てみる。

　前出の単価、回数、市場規模と同様、「すき焼き、しゃぶしゃぶ、鍋」、「焼肉、ステーキ、ハンバーグ」の肉業態、「立食いのラーメン、うどん、そば」がどの性年代でもまんべんなく高い数値を示した。

　ほか興味深いポイントをいくつか挙げると……

・「スナック、ナイトクラブ、キャバレー」で20代女性が高い伸び
・男性50代、60代で「ファストフード」「牛丼、カレー」「喫茶店」の伸び率が高い。

　シニアでの軽食業態の利用が進んでいる傾向。

・居酒屋は、男性は対前年マイナス。女性が各年代で前年比プラスになっており、女性が全体をけん引している印象。

　2014年度の調査では40代男性が各業態で伸び率が高い傾向があったが、2017年度では、各業態、各性年代で分散し濃淡が生じた印象が強い。

第1章　世の中の変化と外食　27

図表 1-13　業態別、性年代別、外食件数、前年度比（2017年度）

		合計	男性/20代	男性/30代	男性/40代	男性/50代	男性/60代	女性/20代	女性/30代	女性/40代	女性/50代	女性/60代
	3圏域計（年間計）	102.1	100.0	101.1	101.4	107.6	101.8	99.9	101.0	104.3	106.5	99.3
外食した店の業態別（年間計） 食事主体	和食料理店	102.9	108.6	109.3	103.9	105.3	101.8	100.4	99.8	105.6	100.0	97.6
	中華料理店	103.1	95.2	104.2	102.1	116.8	102.0	108.5	94.7	103.4	103.1	97.2
	レストラン、食堂、ダイニング、洋食店	99.9	102.2	91.9	99.9	104.6	103.9	96.4	101.1	100.5		98.3
	フレンチ・イタリアン料理店	100.0	98.9	103.3	94.1	104.5	103.2	99.1	94.8	105.8	101.5	97.4
	アジアン料理店	107.6	118.2	115.8	105.0	96.9	106.5	103.2	105.2	110.1	111.2	103.5
	その他の各国料理店	100.2	90.8	113.8	112.1	100.6	112.1	92.4	103.4	92.0	112.0	95.9
	焼肉、ステーキ、ハンバーグ等の専業店	108.4	101.4	111.0	111.1	109.5	112.7	105.2	107.8	107.3	111.9	106.8
	お好み焼き、鉄板焼き等の専業店	103.9	94.7	99.4	111.1	118.3	105.7	97.0	115.0	98.2	101.3	104.4
	すき焼き、しゃぶしゃぶ、鍋、おでん等の専業店	113.3	116.4	117.5	124.1	113.1	111.3	115.9	108.5	108.8	103.6	107.3
	ファミリーレストラン、回転すし等	102.5	96.2	103.8	105.7	105.5	99.8	101.3	97.7	103.8	111.2	100.3
	ラーメン、そば、うどん、パスタ、ピザ等の専業店	102.6	106.3	104.4	97.6	113.3	98.9	97.4	98.6	101.8	106.9	102.1
	その他の食事を主体とする業態の店	98.3	88.9	91.8	101.1	98.5	97.4	98.0	104.1	109.5	107.9	104.6
飲酒主体	居酒屋	100.4	99.1	97.1	97.4	104.4	98.8	100.5	104.1	102.9	109.3	98.5
	バー、バル、ワインバー、ビアホール、パブ	102.7	106.6	103.3	106.2	103.4	93.0	103.5	98.7	100.8	113.0	92.5
	カラオケボックス	98.4	116.1	109.3	90.8	85.6	83.6	99.7	101.6	90.2	93.3	104.1
	スナック、ナイトクラブ、キャバレー	102.0	105.2	80.5	112.5	113.0	93.4	187.3	84.6	72.6	90.2	118.9
	その他の飲酒を主体とする業態の店	99.8	79.7	132.5	131.4	100.8	87.8	122.6	123.4	93.8	57.1	97.3
軽食主体	ファーストフード	101.2	87.0	93.3	106.4	130.6	127.0	95.8	103.5	105.3	119.5	92.8
	牛丼、カレー等、一品もの専売業態	100.5	94.4	91.5	99.7	124.9	107.9	94.2	96.3	109.9	117.3	95.7
	立食のラーメン、うどん・そば業態	113.1	120.1	137.0	94.6	105.2	124.2	123.8	98.6	111.0	109.4	115.9
	喫茶店・カフェ	101.4	91.1	93.8	101.8	104.2	154.1	86.9	100.9	108.2	126.7	99.6
	その他の軽食を主体とする業態の店	102.2	114.8	89.2	89.6	115.4	103.3	87.4	107.6	111.3	122.3	100.5
その他	ホテルや各種会場	96.8	85.7	86.3	99.6	104.1	97.5	102.5	103.3	107.2	100.5	81.1
	旅行・出張先のホテルや旅館	91.2	69.4	95.4	94.2	88.5	104.2	73.0	116.5	97.3	73.2	92.6
	その他	96.6	96.3	94.7	93.5	89.6	96.9	102.7	89.7	116.3	102.4	97.9

		合計	男性/20代	男性/30代	男性/40代	男性/50代	男性/60代	女性/20代	女性/30代	女性/40代	女性/50代	女性/60代
3圏域計 大分類	食事主体・小計	103.0	101.5	103.7	103.0	108.2	102.4	100.8	100.6	104.2	105.6	100.1
	飲酒主体・小計	100.7	99.8	98.1	99.0	104.4	97.5	101.5	103.2	101.8	107.7	98.4
	軽食主体・小計	101.8	94.7	95.1	98.9	121.0	117.9	91.7	101.1	108.1	121.2	98.0
	その他・小計	95.9	89.4	91.6	95.8	95.4	98.2	98.2	98.7	109.3	94.7	89.2

太字 前年度比が110%以上の項目
前年度比が90%以下の項目

単位：前年度比（%）

1▶4▶4 タウン別ランキング 街ごとに異なる消費

まず外食市場規模のランキング（首都圏）を見てみると、上位の顔ぶれに変動はほぼなく、駅の乗降客数や飲食店の数が多い大きな繁華街、ハブ駅周辺が例年通り並んだ。また単価についても大きな変動はなく上位の顔ぶれは変わらなかった（**図表1-14**）。

図表1-14 外食市場規模 総合ランキング（首都圏）

市場規模

順位		タウン名	外食市場規模（億円）	前年度比	前回順位
1位	←	新宿（代々木）★	1,495	104.6%	1位
2位	↑	東京・日本橋・大手町（人形町）★	1,119	109.2%	3位
3位	↓	銀座・有楽町★	1,100	106.4%	2位
4位	←	池袋・大塚★	972	107.6%	4位
5位	←	新橋・浜松町（虎ノ門）★	914	107.8%	5位
6位	←	渋谷・表参道（原宿）★	745	91.5%	6位
7位	←	神田・秋葉原・御茶ノ水・神保町★	675	110.1%	7位
8位	←	恵比寿・目黒（中目黒）★	617	104.8%	8位
9位	←	横浜駅周辺	582	104.7%	9位
10位	←	上野・御徒町★	513	103.7%	10位
11位	←	関内・桜木町・みなとみらい	470	100.8%	11位
12位	←	飯田橋・水道橋★	451	105.6%	12位
13位	↑	品川・田町★	445	107.3%	14位
14位	↓	六本木・赤坂（青山一丁目）★	429	103.0%	13位
15位	←	大宮・さいたま新都心★	425	109.6%	15位
16位	←	四ツ谷・赤坂見附・市ヶ谷★	401	114.0%	16位
17位	←	吉祥寺・三鷹（武蔵境・東小金井）◎	316	94.6%	17位
17位	↑	千葉・稲毛◎	316	105.7%	19位
19位	←	町田・相模大野◎	311	103.8%	19位
20位	↓	錦糸町（亀戸・両国）	288	96.1%	18位

外食単価 高いタウン

順位	タウン名	外食単価（円）	前年度比	前回順位
1位	六本木・赤坂（青山一丁目）★	4,885	105.0%	1位
2位	銀座・有楽町★	4,738	102.7%	2位
3位	新橋・浜松町（虎ノ門）★	3,991	106.7%	4位
4位	東京・日本橋・大手町（人形町）★	3,929	105.6%	5位
5位	恵比寿・目黒（中目黒）★	3,876	96.2%	3位
6位	四ツ谷・赤坂見附・市ヶ谷★	3,812	102.8%	6位
7位	関内・桜木町・みなとみらい	3,466	106.5%	7位
8位	品川・田町★	3,360	106.4%	10位
9位	上野・御徒町★	3,204	101.5%	9位
10位	渋谷・表参道（原宿）★	3,185	98.1%	8位

外食単価 低いタウン

順位	タウン名	外食単価（円）	前年度比
1位	海老名・本厚木◎	1,829	96.9%
2位	府中駅周辺◎	1,834	84.9%
3位	上尾駅周辺◎	1,839	101.6%
4位	大和駅周辺◎	1,841	98.4%
5位	志木（朝霞台・和光市）◎	1,852	96.5%
6位	越谷レイクタウン（越谷）◎	1,865	106.0%
7位	津田沼◎	1,890	101.0%
8位	多摩センター◎	1,891	107.9%
9位	橋本◎	1,948	103.4%
10位	本八幡（市川）◎	1,955	96.4%

外食市場規模伸び率ランキング

前年からの外食市場規模伸び率のランキングは年ごとに大きな変動があるが、2017年度の外食市場規模の伸び率ランキング（首都圏）は、1位　海浜幕張　2位　松戸（金町）　3位　練馬という結果であった（**図表1-15**）。

2017年度は、上位3タウンは伸び率が120%を上回るなど、例年に比べ

て伸び率の数値が全体的に高めの傾向であることが特徴だ。

　外食市場規模伸び率は、マンションの増加や大型オフィスビル、商業施設のオープンなどの背景によって変動することが多く、こうした変化は量的だけでなく質的にもマーケットを変化させる。

街ごとに異なる消費――各種ランキング

　外食市場調査では、毎年、性年代や属性による街のランキングを発表している。

　本書初版時、「おばあちゃんの原宿」として知られる巣鴨が、20代の外食が多い街の第2位にランクインしたことに調査主催側も驚いたが、こうした街の消費実態は、イメージと異なることも少なくない。

図表 1-15　外食市場規模　伸び率ランキング

★　半径1kmのタウン
◎　半径4kmのタウン
無印　半径2kmのタウン

順位	タウン名	前年度比	外食市場規模(億円)	2017年度外食単価(円)	17-16外食単価増減率	2017年度延べ外食回数(万回)	17-16外食回数増減率
1位	海浜幕張◎	122.4%	138	2,479	110.1%	557	111.2%
2位	松戸(金町)◎	121.5%	162	2,185	106.7%	740	113.9%
3位	練馬	121.1%	107	1,976	102.0%	542	118.7%
4位	日暮里(西日暮里)★	116.8%	144	2,805	104.7%	513	111.6%
5位	大崎・五反田★	115.7%	215	2,758	108.9%	779	106.3%
6位	四ツ谷・赤坂見附・市ヶ谷★	114.0%	401	3,812	102.8%	1,051	110.9%
7位	北千住	113.7%	133	2,464	102.9%	541	110.5%
8位	川口(蕨)◎	113.0%	203	2,062	102.4%	987	110.3%
9位	神田・秋葉原・御茶ノ水・神保町★	110.1%	675	3,005	104.2%	2,245	105.7%
10位	高田馬場★	109.9%	145	2,318	103.0%	626	106.7%
11位	二子玉川(溝の口)★	109.7%	206	2,384	94.6%	863	115.9%
12位	大宮・さいたま新都心◎	109.6%	425	2,611	108.4%	1,626	101.2%
13位	東京・日本橋・大手町(人形町)★	109.2%	1,119	3,929	105.6%	2,848	103.5%
14位	藤沢・辻堂◎	108.3%	191	2,285	100.4%	837	108.0%
15位	津田沼◎	108.1%	99	1,890	101.0%	522	107.1%
16位	亀有(綾瀬)	107.9%	86	2,003	100.5%	429	107.3%
17位	新橋・浜松町(虎ノ門)★	107.8%	914	3,991	106.7%	2,291	101.0%
18位	池袋・大塚★	107.6%	972	2,804	105.8%	3,465	101.7%
19位	浦和	107.4%	241	2,357	109.3%	1,024	98.2%
20位	品川・田町★	107.3%	445	3,360	106.4%	1,325	100.8%
21位	銀座・有楽町★	106.4%	1,100	4,738	102.7%	2,321	103.6%
22位	千葉・稲毛◎	105.7%	316	2,433	103.3%	1,297	102.3%
23位	飯田橋・水道橋★	105.6%	451	3,156	103.3%	1,428	102.3%
24位	平塚・茅ヶ崎◎	105.5%	137	1,973	98.1%	696	107.5%
25位	越谷レイクタウン(越谷)◎	104.9%	144	1,865	106.0%	771	98.9%
26位	恵比寿・目黒(中目黒)★	104.8%	617	3,876	96.2%	1,591	109.0%
26位	柏駅周辺	104.8%	210	2,188	103.1%	958	101.7%
28位	横浜駅周辺	104.7%	582	2,951	100.2%	1,972	104.5%
29位	新宿(代々木)★	104.6%	1,495	3,169	103.3%	4,719	101.3%
29位	荻窪・西荻窪(阿佐ヶ谷)	104.6%	166	2,405	102.1%	690	102.5%
29位	八王子駅周辺◎	104.6%	173	2,105	99.7%	821	105.0%

図表 1-16　タウン別　性年代比較

	タウン	件数：回※補正後	男性／20代	男性／30代	男性／40代	男性／50代	男性／60代	女性／20代	女性／30代	女性／40代	女性／50代	女性／60代	男性計（％）	女性計（％）	平均年齢（歳）
	首都圏・計（年間計）	230,604	10.2	13.4	14.6	11.2	9.4	9.6	8.8	9.0	6.5	7.4	58.7	41.3	43.8
1	新宿（代々木）★	11,507	12.8	15.0	14.3	10.1	7.7	14.9	9.2	6.3	5.1	4.6	59.9	40.1	40.8
2	渋谷・表参道（原宿）★	5,703	14.2	14.5	11.4	7.1	5.9	17.0	12.5	7.2	5.6	4.5	53.2	46.8	39.1
3	恵比寿・目黒（中目黒）★	3,879	10.7	11.9	13.0	8.7	7.2	13.4	13.2	9.8	6.0	6.0	51.5	48.5	41.8
4	品川・田町★	3,231	11.9	18.6	15.5	11.6	8.8	11.4	7.9	6.0	4.3	3.9	66.4	33.6	41.5
5	大崎・五反田★	1,900	6.8	16.4	18.0	15.2	9.1	10.0	6.9	8.0	3.8	6.0	65.4	34.6	43.9
6	新橋・浜松町（虎ノ門）★	5,585	7.7	15.9	20.6	16.8	10.1	6.4	7.2	6.1	3.4	3.7	71.2	28.8	44.0
7	銀座・有楽町★	5,660	5.1	10.6	13.6	11.2	10.4	11.0	11.5	9.6	7.7	9.4	50.9	49.1	45.3
8	東京・日本橋・大手町（人形町）★	6,945	9.3	13.5	16.9	13.0	10.0	9.2	6.7	6.2	4.9	3.3	63.7	36.3	43.7
9	神田・秋葉原・御茶ノ水・神保町★	5,475	14.4	18.5	17.2	12.9	10.0	9.2	6.2	5.5	3.5	2.5	73.1	26.9	43.6
10	上野・御徒町★	3,906	10.3	13.7	17.9	11.8	10.6	8.2	7.7	4.5	5.2	—	66.4	33.6	43.6
11	日暮里（西日暮里）★	1,250	13.4	14.8	12.0	13.9	7.7	8.3	8.0	6.5	3.9	11.4	61.8	38.2	44.0
12	巣鴨（駒込）★	1,000	19.7	15.2	14.4	9.4	9.1	7.1	9.9	6.5	3.1	6.2	67.2	32.8	41.3
13	池袋・大塚★	8,450	16.5	22.2	11.6	8.7	6.3	12.3	8.1	5.3	5.0	3.9	65.3	34.6	39.1
14	高田馬場★	1,527	30.4	9.7	14.6	8.9	5.9	14.2	4.7	4.5	3.3	3.9	69.4	30.6	36.5
15	飯田橋・水道橋★	3,483	14.4	11.3	15.9	11.7	9.6	10.0	6.9	7.1	7.9	5.1	63.0	37.0	42.7
16	四ツ谷・赤坂見附・市ヶ谷★	2,562	8.6	23.4	16.6	12.5	11.6	7.2	5.4	5.8	5.3	3.2	72.7	27.3	43.5
17	六本木・赤坂（青山一丁目）★	2,144	6.8	13.6	13.6	13.3	8.6	12.8	10.3	9.5	5.0	6.6	55.9	44.1	43.4
18	豊洲・門前仲町・東陽町	2,285	8.0	16.3	13.6	15.4	11.5	5.7	8.2	9.4	6.4	5.4	64.8	35.2	45.0
19	西葛西	1,121	4.6	16.5	12.3	7.3	15.5	7.1	14.2	11.4	4.1	7.0	56.2	43.8	45.0
20	錦糸町（亀戸・両国）	2,816	7.1	12.3	14.9	17.8	11.8	7.5	7.3	8.6	6.1	6.3	63.9	36.1	46.0
21	浅草（押上）	1,365	4.3	9.9	15.0	12.0	14.6	12.6	9.6	7.8	6.7	7.5	55.7	44.3	45.8
22	北千住	1,320	9.1	14.2	15.1	10.1	7.3	11.7	11.2	10.8	4.3	5.9	55.8	44.2	42.4
23	亀有（綾瀬）	1,047	6.5	13.4	15.9	9.9	10.5	9.4	6.0	10.4	11.9	5.3	56.2	43.8	44.9
24	小岩・新小岩	1,236	4.2	13.1	15.8	26.4	11.4	3.5	8.1	7.5	5.4	4.4	71.0	29.0	47.1
25	赤羽	1,385	10.9	13.0	18.4	12.0	5.6	9.3	7.2	9.3	5.5	5.5	60.3	37.0	44.6
26	練馬	1,321	11.8	16.3	15.5	9.3	8.9	7.5	9.0	6.9	6.3	8.6	61.7	38.3	44.0
27	中野・高円寺（東中野）	2,577	10.6	16.3	14.7	14.9	9.2	9.1	8.5	5.3	2.9	6.8	63.1	31.7	42.9
28	荻窪・西荻窪（阿佐ヶ谷）	1,684	9.1	15.1	18.8	14.3	6.3	9.2	7.4	8.3	5.9	5.7	63.6	36.4	43.5
29	吉祥寺・三鷹（武蔵境・東小金井）	3,157	12.4	13.2	11.3	8.5	9.1	11.7	10.2	9.3	5.9	5.1	54.5	45.5	42.1
30	国分寺（武蔵小金井・西国分寺）◎	1,147	8.6	9.3	13.2	12.0	8.8	9.7	4.7	11.2	9.2	13.3	51.9	48.1	45.6
31	府中駅周辺◎	1,458	18.5	14.8	12.5	12.0	6.9	6.8	5.9	12.8	6.0	5.6	62.9	37.1	42.3
32	多摩センター◎	1,246	13.9	12.9	9.9	9.7	6.8	6.6	8.2	7.7	9.8	11.0	52.7	47.3	44.0
33	調布駅周辺◎	1,451	9.5	16.8	10.7	11.3	6.1	12.7	9.4	10.1	5.9	7.4	54.4	45.6	41.9
34	立川駅周辺◎	2,997	12.4	12.0	11.9	9.2	5.0	10.1	13.1	8.3	8.3	6.3	50.5	49.5	43.1
35	八王子駅周辺◎	2,001	9.3	11.4	17.6	11.2	7.8	10.0	10.3	10.3	5.6	10.2	57.3	42.7	44.7
36	町田・相模大野◎	3,456	4.9	11.9	13.3	11.9	9.6	10.6	10.8	11.6	8.6	7.4	50.9	49.1	44.6
37	下北沢	1,302	9.4	11.6	13.4	11.8	8.7	13.5	10.6	11.2	5.3	4.4	54.9	45.1	42.3
38	三軒茶屋	799	5.0	15.5	14.5	12.2	4.7	8.7	16.8	12.3	6.8	3.6	51.9	48.1	42.5
39	自由が丘	976	15.8	12.0	9.0	5.8	8.6	8.9	12.3	8.1	8.3	11.1	51.2	48.8	42.4
40	大井町・大森	1,880	7.0	13.6	19.6	15.5	10.3	6.5	6.5	10.6	4.4	5.5	65.9	34.1	44.7
41	蒲田	1,701	7.4	19.6	19.2	12.9	5.5	7.8	9.4	7.1	4.4	4.6	64.6	35.4	43.1
42	横浜駅周辺	4,809	15.5	12.5	12.9	9.9	8.3	11.8	7.2	8.1	6.5	7.3	59.1	40.9	42.3
43	関内・桜木町・みなとみらい	3,310	10.1	12.6	12.8	10.1	9.5	12.1	9.5	8.2	7.9	7.1	55.1	44.9	43.4
44	川崎駅周辺	2,744	11.5	14.7	18.4	11.2	6.2	10.6	7.6	10.5	4.3	5.1	61.9	38.1	41.9
45	新横浜	1,351	19.2	17.7	13.6	7.7	5.5	9.9	8.3	8.2	3.4	6.4	63.7	36.3	40.4
46	武蔵小杉	1,760	11.0	21.4	14.3	18.1	3.3	6.2	9.7	7.8	5.3	2.9	68.1	31.9	41.4
47	二子玉川（溝の口）	2,104	16.8	10.5	11.3	13.8	6.7	8.3	9.7	9.5	8.4	5.3	58.9	41.1	42.2
48	たまプラーザ（あざみ野）	1,236	11.1	7.7	13.9	8.4	11.0	8.2	10.1	11.0	8.4	10.2	52.1	47.9	45.1
49	大和駅周辺◎	1,377	8.5	9.2	15.1	9.1	14.3	6.5	8.7	14.9	7.0	6.7	56.1	43.9	46.0
50	橋本◎	1,666	5.7	10.2	16.7	9.5	11.9	7.6	8.0	12.8	8.4	9.1	54.1	45.9	46.1
51	藤沢・辻堂◎	2,040	7.4	9.9	13.8	12.3	10.0	8.3	8.1	11.6	7.5	11.1	53.4	46.6	46.2
52	海老名・本厚木◎	2,324	16.6	11.6	16.9	9.7	6.0	6.6	8.6	10.0	4.7	9.3	61.7	38.3	43.3
53	大船	1,144	3.9	8.3	17.1	14.1	7.7	7.7	8.1	10.6	9.0	13.5	51.1	48.9	47.4
54	平塚・茅ヶ崎◎	1,697	5.5	10.5	15.3	16.3	6.5	7.8	6.2	10.5	8.2	5.7	58.7	41.3	46.4
55	本八幡（市川）◎	1,288	10.7	10.1	19.6	9.3	14.8	5.5	5.9	7.6	7.9	8.5	64.6	35.4	46.4
56	船橋（西船橋）◎	1,757	12.1	12.0	16.3	9.4	8.5	7.1	10.4	10.3	3.3	8.1	58.3	41.7	42.8
57	舞浜	1,422	9.7	8.9	7.6	4.3	6.5	22.8	19.1	11.4	5.9	3.7	37.0	63.0	38.5
58	津田沼◎	1,272	25.2	8.7	13.3	10.0	8.8	6.6	6.6	7.9	5.4	4.4	66.1	33.9	40.7
59	海浜幕張◎	1,358	11.1	11.1	17.6	12.5	9.9	9.2	9.9	9.5	8.4	5.5	57.1	42.9	42.9
60	千葉・稲毛◎	3,162	13.0	9.9	13.7	13.5	9.9	8.6	8.9	7.1	4.4	10.9	60.0	40.0	44.9
61	松戸（金町）◎	1,684	7.9	13.0	15.7	14.2	10.4	5.7	7.7	7.4	10.0	8.1	60.7	39.3	46.0
62	柏駅周辺◎	2,335	6.8	13.1	13.3	10.4	10.7	10.1	7.0	7.0	7.9	13.9	54.3	45.7	46.1
63	大宮・さいたま新都心◎	3,964	10.9	13.0	12.9	9.4	9.4	10.1	6.5	12.1	6.1	9.7	55.6	44.4	44.2
64	浦和	2,497	11.8	11.0	14.0	12.1	10.9	6.4	8.4	10.7	6.0	8.2	60.4	39.6	45.0
65	川口（蕨）◎	2,407	6.3	13.4	14.0	12.0	7.5	9.4	6.4	9.3	8.8	9.7	53.2	46.8	44.6
66	志木（朝霞台・和光市）◎	1,641	12.4	10.0	18.9	9.7	11.4	4.6	8.7	14.4	6.3	3.5	62.5	37.5	46.7
67	越谷レイクタウン（越谷）◎	1,880	13.6	13.7	12.4	9.6	7.6	9.4	8.2	12.4	9.0	10.8	50.3	49.7	44.7
68	川越駅周辺◎	1,436	7.2	12.9	14.8	11.1	13.1	12.1	7.0	8.9	6.1	6.9	59.0	41.0	44.9
69	所沢（東村山・新秋津）◎	1,733	12.2	8.3	16.2	10.6	11.6	6.8	8.5	7.9	7.2	10.8	58.9	41.1	45.8
70	上尾駅周辺◎	1,074	2.7	14.1	10.9	10.5	10.9	4.5	8.0	13.8	12.6	12.0	49.0	51.0	48.2

（左側縦書き：タウン別（年間計））

第1章　世の中の変化と外食　31

図表 1-17　各種属性別ランキング

■ひとりの食事率の高いタウン

順位	タウン名	シェア	前回順位	前回値
1位	武蔵小杉	33.6%	1位	35.7%
2位	府中駅周辺◎	31.9%	51位	15.4%
3位	練馬	31.2%	21位	20.8%
4位	小岩・新小岩	28.7%	14位	21.9%
5位	新横浜	28.6%	11位	22.3%

■飲酒率の高いタウン

順位	タウン名	シェア	前回順位	前回値
1位	新橋・浜松町(虎ノ門)★	72.3%	1位	71.8%
2位	六本木・赤坂(青山一丁目)★	68.2%	7位	64.4%
3位	銀座・有楽町★	67.5%	2位	68.1%
4位	四ツ谷・赤坂見附・市ヶ谷★	67.1%	6位	65.2%
5位	恵比寿・目黒(中目黒)★	64.7%	3位	67.2%

■サラリーマンの飲酒率の高いタウン

順位	タウン名	シェア	前回順位	前回値
1位	新橋・浜松町(虎ノ門)★	39.3%	1位	40.0%
2位	神田・秋葉原・御茶ノ水・神保町★	33.6%	5位	33.0%
3位	品川・田町★	30.9%	2位	34.6%
4位	四ツ谷・赤坂見附・市ヶ谷★	30.2%	6位	31.3%
5位	東京・日本橋・大手町(人形町)★	29.9%	3位	33.6%

※サラリーマン:職業が「会社員」の「男性」

■OLの飲酒率の高いタウン

順位	タウン名	シェア	前回順位	前回値
1位	恵比寿・目黒(中目黒)★	18.7%	1位	17.0%
2位	銀座・有楽町★	17.8%	3位	15.3%
3位	六本木・赤坂(青山一丁目)★	15.7%	2位	16.0%
4位	渋谷・表参道(原宿)★	15.2%	4位	15.1%
5位	東京・日本橋・大手町(人形町)★	14.4%	7位	13.0%

※OL:職業が「会社員」の「女性」

■家族・親族率の高いタウン

順位	タウン名	シェア	前回順位	前回値
1位	たまプラーザ(あざみ野)	46.3%	1位	41.1%
2位	上尾駅周辺◎	41.1%	4位	39.9%
3位	舞浜◎	40.6%	2位	40.1%
4位	大和駅周辺◎	38.5%	3位	40.0%
5位	橋本◎	37.5%	5位	39.8%

■地元住民率の高いタウン

順位	タウン名	シェア	前回順位	前回値
1位	小岩・新小岩	79.8%	1位	79.6%
2位	蒲田	71.0%	5位	64.2%
3位	練馬	68.9%	2位	67.8%
4位	大井町・大森	65.3%	8位	61.1%
5位	平塚・茅ヶ崎	63.0%	3位	65.9%

※地元住民率:延べ外食回数のうち、当該タウンのコア駅が所在する市区町村と同じ市区町村に住む人によっておこなわれた外食回数の割合

　ランキングで街を見ると、意外な街がランキングに入っていることが多い。街の違いとそこで働く、暮らす人々を見ることは、本書のテーマであるマーケティングのもっとも基本的な要素であるが、データで見るだけでは市場の本質はわからない。実際に足を運んでみて、どんな人々が居て（ダレ）、どんな時に（イツ）、どんな消費（ナニ）をしているか確かめてみることが重要である。

〈事例〉 埼玉県戸田市 超ドミナント戦略で成長を続ける居酒屋 株式会社
ROT（ロット）

　株式会社ロットは、埼玉県戸田市に居酒屋、焼き鳥、ホルモン、焼肉など
を多店舗展開する企業。

　図表1-18のとおり、様々な酒場系業態を展開するユニークな経営を行
なっている。

　飲食業界の常識で言えば、同じ業態を多店舗展開するほうが、食材調達、
人材教育、販売促進の面で効率が高いはず。

　同社の出店戦略はこうだ。

〈**株式会社ロット　新規出店の基本的な考え方**〉

　　　出店候補地の……

　　・人口増加率、人口ピラミッド（性年代構成）

　　・客層……どんなタイプの人が多いか？

　　・近隣店舗の客層、月商 etc.

　　などを徹底的に分析してから「業態」を決定。

　この場所で喜んでいただけるのはどんな店か？によって「業態」を決定す
るやり方だ。

　こうした出店の考え方・戦略で戸田市内に30数店を繁盛させていること
は注目であり、繁盛した店＝"売れるフォーマット"を拡大していくのが
「20世紀のやり方」だとすれば、この企業の出店戦略は全くの「逆」である。

　地域にとって「飲食店」とは何か？　「酒場」の役割は何か？　「この地で
顧客に愛される店はどんな店なのか？」この問いを続けてきたのが同社の出
店戦略であるのだ。

　株式会社ロットの事例を見ると、市場調査の見方も変わってくるのではな
いだろうか。

第1章 世の中の変化と外食　33

図表1-18　株式会社ロットのホームページ

1▶4▶5　外食＋中食＝「食」が伸びている街は？

図表 1-19　16号線、環八、から都心部へ進傾向

★　半径1kmのタウン
◎　半径4kmのタウン
無印　半径2kmのタウン

		外食市場規模（億円）	前年度データ	前年度比	中食市場規模（億円）	前年度データ	前年度比	外食シェア	中食シェア	「食」市場規模（億円）	前年度データ	前年度比
	首都圏	24,924 億円	23,919	104.2%	7,114 億円	6,647	107.0%	78%	22%	32,038 億円	30,567	104.8%
1	北千住	133 億円	117	113.7%	53 億円	34	154.8%	72%	28%	186 億円	152	122.9%
2	海浜幕張◎	138 億円	113	122.4%	48 億円	44	108.8%	74%	26%	186 億円	157	118.6%
3	川口（蕨）◎	203 億円	180	113.0%	100 億円	83	121.0%	67%	33%	303 億円	263	115.5%
4	四ツ谷・赤坂見附・市ヶ谷★	401 億円	351	114.0%	24 億円	20	118.6%	94%	6%	424 億円	372	114.2%
5	大崎・五反田★	215 億円	186	115.7%	44 億円	41	107.1%	83%	17%	259 億円	227	114.2%
6	松戸（金町）◎	162 億円	133	121.5%	78 億円	77	101.0%	67%	33%	240 億円	210	114.0%
7	高田馬場★	145 億円	132	109.9%	23 億円	16	144.6%	87%	13%	168 億円	148	113.6%
8	日暮里（西日暮里）★	144 億円	123	116.8%	48 億円	47	103.0%	75%	25%	192 億円	170	113.0%
9	藤沢・辻堂◎	191 億円	176	108.3%	78 億円	62	125.2%	71%	29%	269 億円	239	112.7%
10	練馬	107 億円	88	121.1%	49 億円	52	94.3%	69%	31%	156 億円	140	111.2%
11	浦和	241 億円	225	107.4%	109 億円	92	118.8%	69%	31%	351 億円	317	110.7%
12	神田・秋葉原・御茶ノ水・神保町★	675 億円	613	110.1%	53 億円	45	117.4%	93%	7%	728 億円	658	110.6%
13	二子玉川（溝の口）	206 億円	188	109.7%	93 億円	83	112.7%	69%	31%	299 億円	270	110.6%
14	大宮・さいたま新都心◎	425 億円	387	109.6%	139 億円	125	111.5%	75%	25%	564 億円	512	110.1%
15	東京・日本橋・大手町（人形町）★	1,119 億円	1,025	109.2%	146 億円	130	113.0%	88%	12%	1,265 億円	1,154	109.6%
16	八王子駅周辺	173 億円	165	104.6%	76 億円	63	120.7%	69%	31%	249 億円	228	109.0%
17	新橋・浜松町（虎ノ門）★	914 億円	848	107.8%	34 億円	27	124.6%	96%	4%	948 億円	875	108.4%
18	千葉・稲毛◎	316 億円	299	105.7%	122 億円	108	113.8%	72%	28%	438 億円	406	107.8%
19	品川・田町★	445 億円	415	107.3%	59 億円	54	109.9%	88%	12%	505 億円	469	107.6%
20	荻窪・西荻窪（阿佐ヶ谷）	166 億円	159	104.6%	65 億円	57	115.5%	72%	28%	231 億円	215	107.5%
21	横浜駅周辺	582 億円	556	104.7%	131 億円	108	121.8%	82%	18%	713 億円	664	107.4%
22	池袋・大塚★	972 億円	903	107.6%	212 億円	205	103.7%	82%	18%	1,184 億円	1,107	106.9%
23	蒲田	166 億円	164	101.4%	60 億円	48	124.1%	74%	26%	226 億円	212	106.5%
24	中野・高円寺（東中野）	249 億円	239	104.3%	93 億円	83	111.8%	73%	27%	342 億円	322	106.2%
25	所沢（東村山・新秋津）◎	143 億円	137	104.1%	79 億円	73	109.5%	64%	36%	223 億円	210	106.0%
26	浅草（押上）	178 億円	177	100.6%	51 億円	39	129.3%	78%	22%	228 億円	216	105.8%
27	銀座・有楽町★	1,100 億円	1,034	106.4%	57 億円	61	93.9%	95%	5%	1,157 億円	1,095	105.7%
28	飯田橋・水道橋★	451 億円	427	105.6%	49 億円	47	104.6%	90%	10%	499 億円	474	105.5%
29	平塚・茅ヶ崎◎	137 億円	130	105.5%	61 億円	58	104.9%	69%	31%	198 億円	188	105.3%
30	恵比寿・目黒（中目黒）★	617 億円	588	104.8%	85 億円	79	108.0%	88%	12%	702 億円	667	105.2%
31	大船◎	114 億円	114	100.1%	45 億円	37	120.3%	72%	28%	159 億円	151	105.1%
32	舞浜◎	152 億円	148	102.3%	26 億円	21	122.3%	85%	15%	178 億円	170	104.8%
33	亀有（綾瀬）	86 億円	80	107.9%	48 億円	48	99.8%	64%	36%	134 億円	128	104.8%
34	武蔵小杉	148 億円	143	102.8%	48 億円	44	110.8%	75%	25%	196 億円	187	104.7%
35	海老名・本厚木◎	174 億円	175	99.7%	75 億円	63	118.0%	70%	30%	249 億円	238	104.6%
36	新宿（代々木）★	1,495 億円	1,429	104.6%	182 億円	179	101.7%	89%	11%	1,677 億円	1,608	104.3%
37	越谷レイクタウン（越谷）◎	144 億円	137	104.9%	69 億円	68	102.0%	68%	32%	213 億円	205	103.9%
38	上野・御徒町★	513 億円	495	103.7%	62 億円	60	104.6%	89%	11%	576 億円	555	103.8%
39	小岩・新小岩	109 億円	109	100.1%	53 億円	48	110.9%	67%	33%	162 億円	157	103.4%
40	六本木・赤坂（青山一丁目）★	429 億円	417	103.0%	26 億円	25	104.3%	94%	6%	456 億円	442	103.1%
41	新横浜	125 億円	122	102.4%	48 億円	46	104.3%	72%	28%	173 億円	168	102.8%
42	柏駅周辺◎	210 億円	200	104.8%	75 億円	78	95.7%	74%	26%	284 億円	278	102.3%
43	町田・相模大野◎	311 億円	299	103.8%	117 億円	119	98.3%	73%	27%	427 億円	418	102.3%
44	橋本◎	133 億円	130	102.3%	74 億円	73	102.0%	64%	36%	207 億円	203	102.2%
45	川崎駅周辺	276 億円	284	97.2%	74 億円	60	122.8%	79%	21%	350 億円	344	101.7%
46	大井町・大森	192 億円	192	100.0%	57 億円	53	107.7%	77%	23%	249 億円	245	101.7%
47	下北沢	158 億円	162	97.5%	50 億円	42	117.8%	76%	24%	207 億円	205	101.4%
48	関内・桜木町・みなとみらい	470 億円	467	100.8%	43 億円	42	102.9%	92%	8%	514 億円	508	101.0%
49	たまプラーザ（あざみ野）	116 億円	116	99.9%	58 億円	57	102.3%	67%	33%	174 億円	172	100.7%
50	津田沼◎	99 億円	91	108.1%	43 億円	50	85.3%	70%	30%	141 億円	141	100.1%
51	川越駅周辺◎	128 億円	130	98.4%	45 億円	46	98.6%	74%	26%	174 億円	176	98.4%
52	巣鴨（駒込）★	95 億円	91	104.2%	31 億円	37	82.6%	75%	25%	125 億円	128	97.9%
53	立川駅周辺◎	287 億円	293	97.7%	95 億円	97	98.2%	75%	25%	382 億円	391	97.8%
54	国分寺（武蔵小金井・西国分寺）◎	103 億円	101	101.9%	44 億円	49	88.9%	70%	30%	147 億円	151	97.7%
55	赤羽	150 億円	148	101.6%	45 億円	54	84.2%	77%	23%	195 億円	201	97.0%
56	錦糸町（亀戸・両国）	288 億円	300	96.1%	96 億円	97	98.8%	75%	25%	384 億円	397	96.7%
57	豊洲・門前仲町・東陽町	241 億円	257	93.7%	56 億円	50	112.1%	81%	19%	297 億円	307	96.7%

		億円		%	億円		%	%	%	億円		%
58	西葛西	98 億円	102	96.2%	44 億円	45	97.2%	69%	31%	143 億円	148	96.5%
59	本八幡(市川)◎	103 億円	114	90.4%	60 億円	56	107.3%	63%	37%	164 億円	171	96.0%
60	多摩センター◎	97 億円	97	99.3%	39 億円	45	87.4%	71%	29%	136 億円	142	95.5%
61	吉祥寺・三鷹(武蔵境・東小金井)◎	316 億円	334	94.6%	97 億円	99	98.1%	77%	23%	413 億円	433	95.4%
62	大和駅周辺◎	104 億円	109	95.2%	53 億円	56	95.6%	66%	34%	157 億円	165	95.3%
63	志木(朝霞台・和光市)◎	125 億円	137	91.3%	71 億円	69	102.4%	64%	36%	195 億円	205	95.0%
64	船橋(西船橋)◎	177 億円	191	92.7%	65 億円	64	101.7%	73%	27%	242 億円	255	95.0%
65	府中駅周辺◎	110 億円	122	89.9%	47 億円	45	106.0%	70%	30%	157 億円	167	94.2%
66	上尾駅周辺◎	81 億円	86	94.1%	42 億円	46	92.0%	66%	34%	123 億円	132	93.3%
67	渋谷・表参道(原宿)★	745 億円	814	91.5%	83 億円	84	98.5%	90%	10%	828 億円	898	92.2%
68	三軒茶屋	80 億円	92	87.3%	23 億円	20	112.5%	78%	22%	103 億円	112	91.9%
69	自由が丘	119 億円	137	87.2%	32 億円	28	113.1%	79%	21%	151 億円	165	91.6%
70	調布駅周辺◎	120 億円	141	84.9%	65 億円	63	102.6%	65%	35%	185 億円	204	90.4%

※年間の延べ外食・中食回数の推計値に、外食・中食単位集計の構成比を乗じて、各タウンの外食・中食回数を推計
　各タウンの外食・中食回数に、各タウンの外食・中食単位を乗じて、各タウンの外食・中食市場規模を推計
　各タウンの市場規模の合計は、外食・中食した場所が設定タウン以外、あるいは不明な場合があるので、年間市場規模と完全には合致しない

　2013年の調査開始以来、外食＋中食＝「広義の外食」についてもランキングを作成しているが、例年、「広義の外食」の市場伸び率は、前述した16号線、環八周辺の首都圏外縁部の街が上位に登場する傾向が強かった。2017年度においてもそうした街は上位に多いが、都心部の人口増加を反映し、北千住、大崎、四ツ谷など、環状7号線内側、都心部の街が年々徐々に入ってきている。

　伸び率が高い街は、再開発など短期的な理由を除けば、前述のとおり団塊世代、団塊ジュニアが多く居住することと相関が高いと考えてきた。

　しかしながら団塊世代も70歳を超えて後期高齢者入りが近づき、その消費パワーの影響力も徐々に弱まってくる。団塊ジュニア世代は、40代から50代に差し掛かるが、未婚率や所得格差など人による差が大きい。後述するミレニアル世代の影響の高まりなども含め、マーケットの変化に注目していくべきであろう。

外食／中食の比率に注目

　例えば1位の北千住をみると、外食の伸び率113.7％に対し、中食は154.8％と大きく上回っており、また中食のシェアは28.4％と3割に迫っている。外食・中食を合わせた「食」の伸び率122.9％に対しては中食の貢献度が高いのだ。

　飲食店の立場から考えれば、この中食市場をリプレイスできる市場が存在するのではないか？という仮説を持つことが可能だ。このように、中食の伸び率が高い、あるいはシェアが高い街については「中食では何が売れていて、どんな人が購入しているのか？」など街を視察するテーマがこのデータから発見できるように思う。

1▶4▶6 関西圏の調査データ

図表 1-20 関西圏 外食タウンランキング

市場規模

順位		タウン名	外食市場規模(億円)	前年度比	前回順位
1位	←	梅田・大阪・北新地	1,820	105.8%	1位
2位	←	四条(烏丸)・河原町(祇園四条)	609	101.9%	2位
3位	↑	本町・心斎橋・淀屋橋	559	99.9%	4位
4位	↓	三ノ宮(三宮)・元町	555	98.5%	3位
5位	←	なんば・大阪難波(日本橋)	491	101.0%	5位
6位	←	天王寺(大阪阿倍野橋)	362	107.3%	6位
7位	↑	京橋・天満橋	340	134.3%	8位
8位	↑	京都駅周辺	266	117.9%	9位
9位	↓	西宮北口・甲子園◎	259	97.0%	7位
10位	←	尼崎・伊丹(塚口)◎	258	114.7%	10位
11位	←	鶴橋・大阪上本町	212	102.3%	11位
12位	←	江坂・千里中央◎	200	108.7%	12位
13位	↑	堺東・堺	166	101.5%	14位
13位	↑	姫路駅周辺◎	166	106.7%	15位
15位	↓	枚方市・寝屋川市・香里園・樟葉◎	158	94.6%	13位

外食単価 高いタウン

順位	タウン名	外食単価(円)	前年度比	前回順位
1位	四条(烏丸)・河原町(祇園四条)	3,736	105.3%	1位
2位	本町・心斎橋・淀屋橋	3,541	102.2%	2位
3位	梅田・大阪・北新地	3,396	101.3%	3位
4位	三ノ宮(三宮)・元町	3,267	101.2%	4位
5位	京都駅周辺	3,120	104.0%	6位
6位	なんば・大阪難波(日本橋)	3,077	97.4%	5位
7位	京橋・天満橋	2,875	104.2%	9位
8位	鶴橋・大阪上本町	2,809	96.3%	7位
9位	十三	2,638	112.9%	17位
10位	天王寺(大阪阿倍野橋)	2,598	104.3%	13位

外食単価 低いタウン

順位	タウン名	外食単価(円)	前年度比
1位	布施◎	2,005	105.9%
2位	近鉄八尾◎	2,069	99.6%
3位	金剛◎	2,074	112.8%
4位	守口市(大日)◎	2,076	107.7%
5位	出町柳	2,136	99.6%
6位	六甲道(住吉)	2,144	99.4%
7位	加古川駅周辺◎	2,153	96.3%
8位	尼崎・伊丹(塚口)◎	2,165	105.5%
9位	茨木市・茨木◎	2,200	112.5%
10位	枚方市・寝屋川市・香里園・樟葉◎	2,237	105.8%

第1章　世の中の変化と外食　37

（件数：回※補正後）		男性／20代	男性／30代	男性／40代	男性／50代	男性／60代	女性／20代	女性／30代	女性／40代	女性／50代	女性／60代	男性計（％）	女性計（％）	平均年齢（歳）
関西圏・計（年間計）	102,066	9.3	12.0	12.8	10.2	11.2	9.7	8.6	9.4	7.2	9.6	55.5	44.5	44.8
1 梅田・大阪・北新地	13,068	10.9	17.5	12.6	9.3	8.1	13.2	9.1	7.9	4.7	6.6	58.5	41.5	41.5
2 なんば・大阪難波（日本橋）	3,891	8.5	12.3	12.7	10.7	13.5	12.5	8.2	6.7	5.8	9.1	57.7	42.3	43.8
3 天王寺（大阪阿倍野橋）	3,398	14.4	12.6	11.7	10.1	12.2	11.6	6.6	7.3	6.1	7.3	61.1	38.9	43.2
4 京橋・天満橋	2,887	6.7	20.2	13.2	10.7	12.5	10.8	6.6	6.5	6.2	6.5	63.4	36.6	43.9
5 鶴橋・大阪上本町	1,843	12.7	9.9	11.3	7.8	14.6	8.7	6.7	7.3	8.0	12.9	56.4	43.6	46.0
6 本町・心斎橋・淀屋橋	3,849	7.4	13.8	14.6	13.9	10.5	10.6	9.5	7.7	4.8	7.2	60.2	39.8	44.5
7 新大阪（西中島南方）	1,181	10.5	15.2	11.5	10.3	12.3	7.9	8.0	10.8	3.8	9.7	59.7	40.3	44.8
8 十三	892	14.2	14.8	19.8	7.2	11.5	6.1	11.2	7.5	2.9	4.9	67.4	32.6	42.3
9 大正・弁天町・ユニバーサルシティ	1,204	7.8	11.9	10.8	10.1	15.5	10.1	8.6	11.1	7.5	6.6	56.2	43.8	44.9
10 堺東・堺	1,759	8.6	13.6	12.1	10.8	11.6	10.2	7.9	7.3	7.5	10.5	56.7	43.3	45.4
11 布施	1,191	9.6	9.7	10.9	9.3	9.3	11.0	8.9	11.1	7.0	10.4	51.7	48.3	44.6
12 近鉄八尾◎	764	7.9	6.1	21.4	8.3	10.7	11.5	9.8	8.2	7.5	8.6	54.4	45.6	44.9
13 金剛◎	847	3.1	11.1	6.7	9.9	13.4	7.2	12.1	9.8	7.3	19.6	44.1	55.9	48.9
14 守口市（大日）◎	1,240	6.1	13.3	16.3	10.5	14.1	7.0	10.2	10.6	6.7	5.3	60.3	39.7	45.4
15 石橋（川西能勢口）◎	1,653	9.6	7.6	16.3	12.7	7.0	9.5	8.0	12.7	9.3	7.2	53.2	46.8	44.6
16 江坂・千里中央◎	1,968	10.2	9.1	15.6	9.1	8.3	7.1	11.1	9.8	8.3	11.2	52.4	47.6	44.6
17 茨木市・茨木◎	885	5.2	11.3	10.9	17.1	9.6	6.9	12.3	5.6	6.0	11.4	54.0	46.0	44.8
18 高槻・高槻市◎	1,108	4.1	9.9	15.6	7.2	12.3	7.4	9.5	16.5	7.1	10.5	49.0	51.0	46.8
19 枚方市・寝屋川市・香里園・樟葉◎	1,719	4.1	11.7	15.2	12.2	10.3	9.5	7.9	11.3	8.0	9.3	54.1	45.9	44.6
20 宝塚駅周辺◎	831	6.3	10.4	15.2	8.5	15.3	8.1	7.6	12.4	5.0	11.0	55.8	44.2	47.0
21 尼崎・伊丹（塚口）◎	2,905	7.4	10.4	17.2	10.3	10.2	7.5	8.3	12.3	9.2	7.3	55.4	44.6	45.3
22 西宮北口・甲子園◎	2,623	7.4	9.0	14.6	10.1	11.4	9.8	6.5	10.4	11.5	9.5	52.3	47.7	46.1
23 六甲道（住吉）◎	1,148	10.9	5.0	9.5	13.0	19.0	8.2	9.4	7.5	9.1	8.4	57.5	42.5	47.0
24 三ノ宮（三宮）・元町	4,142	9.7	13.3	9.6	9.3	9.7	9.1	9.1	8.8	6.5	11.1	53.7	46.3	44.4
25 神戸駅周辺	967	9.6	13.2	14.0	9.3	9.3	6.6	10.8	12.3	4.5	10.3	55.4	44.6	44.3
26 明石・西明石◎	1,024	7.0	14.4	13.8	10.2	13.7	8.6	6.4	8.3	4.8	9.2	59.2	40.8	46.0
27 加古川駅周辺◎	948	8.6	10.2	16.0	13.8	12.8	7.5	10.7	11.8	4.2	7.2	56.3	43.7	46.1
28 姫路駅周辺◎	1,621	7.3	10.2	14.0	10.0	9.8	14.3	10.1	10.3	6.3	7.3	51.7	48.3	43.5
29 京都駅周辺	2,081	10.5	11.7	10.3	11.4	13.0	7.6	7.4	7.4	9.3	9.6	56.6	43.4	44.7
30 四条（烏丸）・河原町（祇園四条）	3,977	11.1	9.7	10.9	10.1	9.1	15.0	9.9	8.0	6.3	8.9	51.9	48.1	42.8
31 出町柳	673	24.1	7.2	5.0	8.3	11.5	14.5	5.4	7.4	12.0	4.6	56.2	43.8	40.5
32 奈良・近鉄奈良（新大宮）◎	1,219	7.3	9.9	8.2	12.7	15.5	10.3	6.9	8.7	8.0	12.4	53.7	46.3	47.9

太字 圏計より5ポイント以上高い項目　　　　単位：構成比（％）

圏計より5ポイント以上低い項目

■ひとりの食事率の高いタウン

順位	タウン名	シェア	前回順位	前回値
1位	六甲道（住吉）	24.4%	6位	18.5%
2位	出町柳	23.1%	1位	24.6%
3位	十三	19.4%	2位	22.1%

■飲酒率の高いタウン

順位	タウン名	シェア	前回順位	前回値
1位	本町・心斎橋・淀屋橋	70.6%	1位	69.6%
2位	梅田・大阪・北新地	67.0%	2位	66.6%
3位	京橋・天満橋	65.4%	8位	59.4%

■サラリーマン率の高いタウン

順位	タウン名	シェア	前回順位	前回値
1位	十三	46.6%	3位	41.3%
2位	新大阪（西中島南方）	39.9%	1位	42.9%
3位	本町・心斎橋・淀屋橋	39.5%	4位	39.1%

※サラリーマン：職業が「会社員」の「男性」

■OL率の高いタウン

順位	タウン名	シェア	前回順位	前回値
1位	本町・心斎橋・淀屋橋	20.9%	2位	20.9%
2位	梅田・大阪・北新地	20.7%	3位	20.4%
3位	なんば・大阪難波（日本橋）	18.9%	7位	17.1%

※OL：職業が「会社員」の「女性」

■家族・親族率の高いタウン

順位	タウン名	シェア	前回順位	前回値
1位	金剛◎	46.4%	1位	47.7%
2位	加古川駅周辺◎	44.1%	7位	36.7%
3位	高槻・高槻市◎	43.0%	5位	39.2%

■地元住民率の高いタウン

順位	タウン名	シェア	前回順位	前回値
1位	枚方市・寝屋川市・香里園・樟葉◎	68.8%	2位	68.8%
2位	姫路駅周辺◎	68.6%	1位	69.7%
3位	加古川駅周辺◎	66.4%	4位	64.3%

※地元住民率：延べ外食回数のうち、当該タウンのコア駅が所在する市区町村と
同じ市区町村に住む人によっておこなわれた外食回数の割合

市場伸び率

★　半径1kmのタウン
◎　半径4kmのタウン
無印　半径2kmのタウン

順位	タウン名	前年度比	外食市場規模(億円)	2017年度 外食単価(円)	17-16 外食単価増減率	2017年度 延べ外食回数(万回)	17-16 外食回数増減率
1位	京橋・天満橋	134.3%	340	2,875	104.2%	1,184	128.9%
2位	大正・弁天町・ユニバーサルシティ	118.0%	111	2,240	106.6%	494	110.8%
3位	京都駅周辺	117.9%	266	3,120	104.0%	853	113.4%
4位	尼崎・伊丹(塚口)◎	114.7%	258	2,165	105.5%	1,191	108.7%
5位	十三	110.7%	96	2,638	112.9%	366	98.0%
6位	江坂・千里中央◎	108.7%	200	2,472	111.0%	807	98.0%
7位	天王寺(大阪阿倍野橋)	107.3%	362	2,598	104.3%	1,394	102.8%
8位	姫路駅周辺◎	106.7%	166	2,500	90.9%	665	117.5%
9位	梅田・大阪・北新地	105.8%	1,820	3,396	101.3%	5,359	104.4%
10位	茨木市・茨木◎	105.7%	80	2,200	112.5%	363	93.9%
11位	宝塚駅周辺◎	104.5%	80	2,334	102.3%	341	102.1%
12位	近鉄八尾◎	103.8%	65	2,069	99.6%	313	104.2%
13位	石橋(川西能勢口)◎	102.9%	153	2,255	104.1%	678	98.8%
14位	鶴橋・大阪上本町	102.3%	212	2,809	96.3%	756	106.2%
15位	四条(烏丸)・河原町(祇園四条)	101.9%	609	3,736	105.3%	1,631	96.8%
16位	堺東・堺	101.5%	166	2,304	105.8%	721	95.9%
17位	奈良・近鉄奈良(新大宮)◎	101.5%	129	2,578	100.0%	500	101.5%
18位	なんば・大阪難波(日本橋)	101.0%	491	3,077	97.4%	1,596	103.7%
19位	六甲道(住吉)	100.8%	101	2,144	99.4%	471	101.3%
20位	本町・心斎橋・淀屋橋	99.9%	559	3,541	102.2%	1,578	97.8%
21位	三ノ宮(三宮)・元町	98.5%	555	3,267	101.2%	1,699	97.3%
22位	西宮北口・甲子園◎	97.0%	259	2,408	97.0%	1,075	100.0%
23位	新大阪(西中島南方)	96.6%	121	2,490	90.0%	484	107.3%
24位	出町柳	95.5%	59	2,136	99.6%	276	95.9%
25位	布施◎	95.3%	98	2,005	105.9%	488	90.0%
26位	守口市(大日)◎	95.0%	106	2,076	107.7%	509	88.2%
27位	加古川駅周辺◎	94.9%	84	2,153	96.3%	389	98.6%
28位	金剛◎	94.8%	72	2,074	112.8%	347	84.1%
29位	枚方市・寝屋川市・香里園・樟葉◎	94.6%	158	2,237	105.8%	705	89.4%
30位	高槻・高槻市◎	93.3%	103	2,272	94.3%	454	98.9%
31位	神戸駅周辺	91.1%	100	2,525	102.1%	396	89.3%
32位	明石・西明石◎	90.9%	98	2,329	90.3%	420	100.6%

外食市場規模と中食市場規模

★ 半径1kmのタウン ◎ 半径4kmのタウン 無印 半径2kmのタウン	外食市場規模	前年度比	中食市場規模 (億円)	前年度比	外食シェア	中食シェア	「食」市場規模 (億円)	前年度比
関西圏 2017年度 年間	10,965 億円	103.5%	3,048 億円	104.4%	78.3%	21.7%	14,013 億円	103.7%
1 京橋・天満橋	340 億円	134.3%	68 億円	124.5%	83.3%	16.7%	408 億円	132.5%
2 大正・弁天町・ユニバーサルシ	111 億円	118.0%	49 億円	135.5%	69.3%	30.7%	160 億円	122.9%
3 京都駅周辺	266 億円	117.9%	46 億円	97.5%	85.2%	14.8%	312 億円	114.4%
4 尼崎・伊丹(塚口)◎	258 億円	114.7%	99 億円	108.9%	72.2%	27.8%	357 億円	113.0%
5 宝塚駅周辺◎	80 億円	104.5%	39 億円	127.8%	67.1%	32.9%	118 億円	111.2%
6 姫路駅周辺◎	166 億円	106.7%	46 億円	122.6%	78.2%	21.8%	213 億円	109.8%
7 十三	96 億円	110.7%	24 億円	105.1%	80.0%	20.0%	121 億円	109.5%
8 茨木市・茨木◎	80 億円	105.7%	39 億円	111.5%	67.2%	32.8%	119 億円	107.5%
9 江坂・千里中央◎	200 億円	108.7%	71 億円	99.4%	73.8%	26.2%	270 億円	106.1%
10 梅田・大阪・北新地	1,820 億円	105.8%	198 億円	106.2%	90.2%	9.8%	2,018 億円	105.8%
11 天王寺(大阪阿倍野橋)	362 億円	107.3%	92 億円	100.4%	79.8%	20.2%	454 億円	105.8%
12 鶴橋・大阪上本町	212 億円	102.3%	55 億円	118.5%	79.3%	20.7%	268 億円	105.3%
13 新大阪(西中島南方)	121 億円	96.6%	52 億円	128.8%	69.9%	30.1%	173 億円	104.5%
14 石橋(川西能勢口)◎	153 億円	102.9%	57 億円	101.6%	72.8%	27.2%	210 億円	102.5%
15 四条(烏丸)・河原町(祇園四条	609 億円	101.9%	92 億円	100.8%	86.8%	13.2%	702 億円	101.7%
16 本町・心斎橋・淀屋橋	559 億円	99.9%	59 億円	121.7%	90.5%	9.5%	618 億円	101.6%
17 なんば・大阪難波(日本橋)	491 億円	101.0%	56 億円	106.4%	89.7%	10.3%	547 億円	101.6%
18 六甲道(住吉)	101 億円	100.8%	40 億円	101.9%	71.8%	28.2%	141 億円	101.1%
19 出町柳	59 億円	95.5%	26 億円	115.8%	69.4%	30.6%	85 億円	100.9%
20 堺東・堺	166 億円	101.5%	59 億円	98.5%	73.8%	26.2%	225 億円	100.7%
21 三ノ宮(三宮)・元町	555 億円	98.5%	73 億円	109.3%	88.3%	11.7%	628 億円	99.7%
22 奈良・近鉄奈良(新大宮)◎	129 億円	101.5%	30 億円	91.9%	81.4%	18.6%	158 億円	99.5%
23 近鉄八尾◎	65 億円	103.8%	25 億円	89.2%	72.6%	27.4%	89 億円	98.3%
24 布施◎	98 億円	95.3%	46 億円	105.3%	67.9%	32.1%	144 億円	98.3%
25 高槻・高槻市◎	103 億円	93.3%	47 億円	111.2%	68.7%	31.3%	150 億円	98.2%
26 西宮北口・甲子園◎	259 億円	97.0%	95 億円	96.7%	73.1%	26.9%	354 億円	96.9%
27 守口市(大日)◎	106 億円	95.0%	59 億円	96.6%	64.0%	36.0%	165 億円	95.6%
28 神戸駅周辺	100 億円	91.1%	33 億円	109.4%	75.3%	24.7%	133 億円	95.0%
29 加古川駅周辺◎	84 億円	94.9%	28 億円	89.6%	74.9%	25.1%	112 億円	93.5%
30 明石・西明石◎	98 億円	90.9%	29 億円	100.5%	77.1%	22.9%	127 億円	92.9%
31 金剛◎	72 億円	94.8%	37 億円	86.9%	66.0%	34.0%	109 億円	92.0%
32 枚方市・寝屋川市・香里園・樟葉	158 億円	94.6%	65 億円	80.9%	70.8%	29.2%	223 億円	90.1%

※年間の延べ外食・中食回数の推計値に、外食・中食単位集計の構成比を乗じて、各タウンの外食・中食回数を推計
　各タウンの外食・中食回数に、各タウンの外食・中食単価を乗じて、各タウンの外食・中食市場規模を推計
　各タウンの市場規模の合計は、外食・中食した場所が設定タウン以外、あるいは不明な場合があるので、年間市場規模と完全には合致しない

1▶4▶7　東海圏の調査データ

図表 1-21　東海圏　外食タウンランキング

市場規模

順位		タウン名	外食市場規模(億円)	前年度比	前回順位
1位	←	名古屋(JR・近鉄・名鉄名古屋)	624	109.8%	1位
2位	←	栄・伏見・矢場町	481	98.5%	2位
3位	↑	金山	198	108.3%	4位
4位	↓	岐阜・名鉄岐阜(西岐阜)◎	195	98.7%	3位
5位	←	豊田市駅周辺◎	122	106.8%	5位
6位	←	今池・千種	116	103.6%	6位
7位	←	尾張一宮・名鉄一宮◎	107	97.9%	7位
7位	↑	近鉄四日市◎	107	104.5%	8位
9位	←	春日井・勝川(高蔵寺)◎	96	95.4%	9位
10位	↑	桑名駅周辺◎	89	121.7%	12位
11位	↓	東岡崎駅周辺◎	85	91.4%	10位
12位	↓	大曽根・黒川	82	100.5%	11位
13位	←	刈谷駅周辺◎	77	107.5%	13位
14位	←	三河安城(安城)◎	63	104.1%	14位
15位	↑	岡崎駅周辺◎	53	106.2%	16位

外食単価　高いタウン

順位	タウン名	外食単価(円)	前年度比	前回順位
1位	栄・伏見・矢場町	3,423	99.3%	1位
2位	名古屋(JR・近鉄・名鉄名古屋)	3,353	100.4%	2位
3位	今池・千種	3,047	109.8%	3位
4位	金山	2,762	103.1%	4位
5位	桑名駅周辺◎	2,733	107.2%	6位
6位	近鉄四日市◎	2,609	98.1%	5位
7位	岐阜・名鉄岐阜(西岐阜)◎	2,499	100.5%	8位
8位	豊田市駅周辺◎	2,462	105.2%	10位
9位	刈谷駅周辺◎	2,369	93.5%	7位
10位	東岡崎駅周辺◎	2,261	91.4%	9位

外食単価　低いタウン

順位	タウン名	外食単価(円)	前年度比
1位	国府宮・稲沢◎	1,434	96.4%
2位	岩倉・西春◎	1,636	93.5%
3位	江南駅周辺◎	1,684	96.1%
4位	小牧駅周辺◎	1,835	100.2%
5位	尾張一宮・名鉄一宮◎	1,841	100.1%
6位	藤が丘	1,869	98.2%
7位	三河安城(安城)◎	1,885	102.8%
8位	春日井・勝川(高蔵寺)◎	1,891	102.4%
9位	大垣駅周辺◎	1,899	100.0%
10位	岡崎駅周辺◎	1,985	100.2%

第1章　世の中の変化と外食　41

（件数：回※補正後）		男性／20代	男性／30代	男性／40代	男性／50代	男性／60代	女性／20代	女性／30代	女性／40代	女性／50代	女性／60代	男性計（％）
東海圏・計（年間計）	52,044	10.2	11.4	13.1	10.4	10.9	9.3	8.6	9.3	7.7	9.0	56.0
1 名古屋（JR・近鉄・名鉄名古屋）	4,540	14.6	13.3	11.5	9.5	8.9	14.6	8.2	8.2	5.6	5.6	57.7
2 金山	1,748	17.7	10.4	11.9	12.4	7.8	13.4	7.4	7.1	5.7	5.2	61.2
3 栄・伏見・矢場町	3,430	9.8	12.9	13.3	12.4	10.9	13.0	8.8	8.7	5.1	5.1	59.4
4 今池・千種	930	9.3	12.2	12.2	13.0	13.9	9.1	7.4	8.4	4.7	9.8	60.6
5 大曽根・黒川	927	6.2	9.0	14.6	10.6	16.6	10.0	7.9	13.0	6.8	5.3	57.0
6 藤が丘	680	6.3	8.9	15.8	9.4	12.2	13.5	9.3	13.1	4.2	7.3	52.6
7 岩倉・西春◎	479	3.9	13.7	12.8	11.1	11.6	7.7	12.9	10.1	7.1	8.9	53.1
8 三河安城（安城）◎	813	3.2	14.0	16.5	13.4	7.8	6.8	10.2	6.3	7.8	14.1	54.8
9 尾張一宮・名鉄一宮◎	1,420	7.2	10.7	12.0	8.6	13.2	15.1	9.3	8.0	6.4	9.5	51.7
10 江南駅周辺◎	515	13.0	7.4	13.4	14.0	11.6	9.1	8.3	9.1	6.1	8.0	59.4
11 小牧駅周辺◎	617	16.7	11.1	13.1	7.0	8.9	4.2	5.9	8.7	6.0	18.3	56.9
12 春日井・勝川（高蔵寺）◎	1,234	7.6	9.9	11.3	7.2	11.8	7.0	10.6	11.8	7.8	14.9	47.9
13 国府宮・稲沢◎	476	5.2	11.3	14.6	11.0	8.8	8.7	12.2	16.9	5.0	6.3	50.9
14 刈谷駅周辺◎	797	28.6	9.0	10.3	12.2	10.8	8.2	5.6	5.4	4.9	5.2	70.8
15 東岡崎駅周辺◎	918	5.0	9.4	14.3	15.5	11.8	7.6	7.6	9.1	6.3	10.9	56.3
16 岡崎駅周辺◎	655	4.8	19.8	13.6	6.1	7.9	11.1	8.9	9.3	7.5	11.1	52.1
17 豊田市駅周辺◎	1,212	21.4	12.8	10.7	8.5	6.9	7.6	8.9	9.1	8.6	5.5	60.4
18 岐阜・名鉄岐阜（西岐阜）◎	1,907	9.9	10.9	12.7	11.5	18.1	8.3	7.7	7.2	9.4	4.3	63.1
19 大垣駅周辺◎	658	4.5	13.2	12.1	15.5	9.7	5.1	14.7	8.1	9.8	7.3	54.9
20 多治見駅周辺◎	464	5.4	15.7	12.9	10.1	18.9	9.4	6.3	5.5	6.8	10.3	63.1
21 近鉄四日市◎	996	4.3	12.3	14.4	8.7	9.3	6.5	4.7	7.9	8.8	13.3	58.8
22 桑名駅周辺◎	794	26.2	7.6	16.0	8.9	8.7	8.3	8.4	4.9	5.3	5.8	67.3

（左：タウン別性年代（年間計））

太字 圏計より5ポイント以上高い項目　　　　単位：構成比（％）

（グレー） 圏計より5ポイント以上低い項目

■ひとりの食事率の高いタウン

順位	タウン名	シェア	前回順位	前回値
1位	刈谷駅周辺◎	26.2%	6位	13.9%
2位	豊田市駅周辺◎	15.8%	4位	14.5%
3位	今池・千種	15.2%	1位	17.5%

■飲酒率の高いタウン

順位	タウン名	シェア	前回順位	前回値
1位	栄・伏見・矢場町	61.5%	1位	63.5%
2位	今池・千種	59.2%	3位	57.5%
3位	名古屋（JR・近鉄・名鉄名古屋）	57.1%	2位	58.5%

■サラリーマン率の高いタウン

順位	タウン名	シェア	前回順位	前回値
1位	江南駅周辺◎	47.2%	1位	47.4%
2位	豊田市駅周辺◎	46.0%	6位	44.3%
3位	金山	43.8%	3位	45.9%

※サラリーマン：職業が「会社員」の「男性」

■OL率の高いタウン

順位	タウン名	シェア	前回順位	前回値
1位	栄・伏見・矢場町	20.5%	2位	18.1%
2位	名古屋（JR・近鉄・名鉄名古屋）	19.8%	1位	19.2%
3位	金山	18.6%	5位	15.3%

※OL：職業が「会社員」の「女性」

■家族・親族率の高いタウン

順位	タウン名	シェア	前回順位	前回値
1位	桑名駅周辺◎	51.3%	1位	45.8%
2位	尾張一宮・名鉄一宮◎	48.9%	10位	37.9%
3位	岩倉・西春◎	48.5%	6位	42.8%

■地元住民率の高いタウン

順位	タウン名	シェア	前回順位	前回値
1位	尾張一宮・名鉄一宮◎	76.3%	2位	78.6%
2位	東岡崎駅周辺◎	75.8%	1位	79.8%
3位	近鉄四日市◎	72.5%	3位	71.3%

※地元住民率：延べ外食回数のうち、当該タウンのコア駅が所在する市区町村と同じ市区町村に住む人によっておこなわれた外食回数の割合

市場伸び率

★　　半径1kmのタウン
◎　　半径4kmのタウン
無印　半径2kmのタウン

順位	タウン名	前年度比	外食市場規模(億円)	2017年度 外食単価(円)	17-16 外食単価増減率	2017年度 延べ外食回数(万回)	17-16 外食回数増減率
1位	桑名駅周辺◎	121.7%	89	2,733	107.2%	326	113.5%
2位	名古屋(JR・近鉄・名鉄名古屋)	109.8%	624	3,353	100.4%	1,861	109.3%
3位	金山	108.3%	198	2,762	103.1%	717	105.0%
4位	刈谷駅周辺◎	107.5%	77	2,369	93.5%	327	115.1%
5位	豊田市駅周辺◎	106.8%	122	2,462	105.2%	497	101.5%
6位	大垣駅周辺◎	106.5%	51	1,899	100.0%	270	106.6%
7位	小牧駅周辺◎	106.3%	46	1,835	100.2%	253	106.2%
8位	岡崎駅周辺◎	106.2%	53	1,985	100.2%	268	106.0%
9位	近鉄四日市◎	104.5%	107	2,609	98.1%	408	106.5%
10位	三河安城(安城)◎	104.1%	63	1,885	102.8%	333	101.2%
11位	今池・千種	103.6%	116	3,047	109.8%	381	94.4%
12位	大曽根・黒川	100.5%	82	2,152	104.3%	380	96.3%
13位	岐阜・名鉄岐阜(西岐阜)◎	98.7%	195	2,499	100.5%	782	98.2%
14位	栄・伏見・矢場町	98.5%	481	3,423	99.3%	1,406	99.1%
15位	尾張一宮・名鉄一宮◎	97.9%	107	1,841	100.1%	582	97.8%
16位	藤が丘	97.3%	52	1,869	98.2%	279	99.1%
17位	春日井・勝川(高蔵寺)◎	95.4%	96	1,891	102.4%	506	93.1%
18位	多治見駅周辺◎	93.6%	38	2,016	105.7%	190	88.6%
19位	東岡崎駅周辺◎	91.4%	85	2,261	91.4%	376	99.9%
20位	江南駅周辺◎	90.7%	36	1,684	96.1%	211	94.3%
21位	岩倉・西春◎	90.1%	32	1,636	93.5%	196	96.3%
22位	国府宮・稲沢◎	87.7%	28	1,434	96.4%	195	90.9%

第1章 世の中の変化と外食　43

外食市場規模と中食市場規模

★　　半径1kmのタウン
◎　　半径4kmのタウン
無印　半径2kmのタウン

		外食市場規模		中食市場規模		外食シェア	中食シェア	「食」市場規模（億円）		前年度比
東海圏 2017年度 年間		4,863 億円	103.9%	1,452 億円	104.1%	77.0%	23.0%	6,316 億円		103.9%
1	桑名駅周辺◎	89 億円	121.7%	16 億円	94.5%	84.4%	15.6%	106 億円		116.5%
2	名古屋（JR・近鉄・名鉄名古屋）	624 億円	109.8%	104 億円	127.0%	85.7%	14.3%	729 億円		111.9%
3	刈谷駅周辺◎	77 億円	107.5%	18 億円	111.9%	81.0%	19.0%	96 億円		108.3%
4	豊田市駅周辺◎	122 億円	106.8%	34 億円	109.5%	78.1%	21.9%	157 億円		107.4%
5	大垣駅周辺◎	51 億円	106.5%	25 億円	107.9%	67.5%	32.5%	76 億円		107.0%
6	金山	198 億円	108.3%	26 億円	94.5%	88.2%	11.8%	224 億円		106.4%
7	岡崎駅周辺◎	53 億円	106.2%	19 億円	100.0%	74.0%	26.0%	72 億円		104.6%
8	三河安城（安城）◎	63 億円	104.1%	18 億円	102.8%	77.8%	22.2%	81 億円		103.8%
9	今池・千種	116 億円	103.6%	18 億円	103.4%	86.5%	13.5%	134 億円		103.6%
10	小牧駅周辺◎	46 億円	106.3%	14 億円	95.6%	76.2%	23.8%	61 億円		103.6%
11	近鉄四日市◎	107 億円	104.5%	30 億円	97.3%	77.9%	22.1%	137 億円		102.8%
12	大曽根・黒川	82 億円	100.5%	28 億円	97.4%	74.3%	25.7%	110 億円		99.6%
13	栄・伏見・矢場町	481 億円	98.5%	55 億円	105.9%	89.8%	10.2%	536 億円		99.2%
14	岐阜・名鉄岐阜（西岐阜）◎	195 億円	98.7%	45 億円	99.4%	81.2%	18.8%	241 億円		98.8%
15	尾張一宮・名鉄一宮◎	107 億円	97.9%	41 億円	100.4%	72.3%	27.7%	148 億円		98.6%
16	春日井・勝川（高蔵寺）◎	96 億円	95.4%	47 億円	102.4%	66.9%	33.1%	143 億円		97.6%
17	藤が丘	52 億円	97.3%	21 億円	97.4%	71.3%	28.7%	73 億円		97.3%
18	東岡崎駅周辺◎	85 億円	91.4%	28 億円	119.9%	75.2%	24.8%	113 億円		97.1%
19	多治見駅周辺◎	38 億円	93.6%	14 億円	97.1%	72.7%	27.3%	53 億円		94.6%
20	江南駅周辺◎	36 億円	90.7%	14 億円	106.3%	72.2%	27.8%	49 億円		94.5%
21	岩倉・西春◎	32 億円	90.1%	13 億円	97.5%	70.6%	29.4%	46 億円		92.1%
22	国府宮・稲沢◎	28 億円	87.7%	14 億円	89.1%	66.5%	33.5%	42 億円		88.1%

※年間の延べ外食・中食回数の推計値に、外食・中食単位集計の構成比を乗じて、各タウンの外食・中食回数を推計
　各タウンの外食・中食回数に、各タウンの外食・中食単価を乗じて、各タウンの外食・中食市場規模を推計
　各タウンの市場規模の合計は、外食・中食した場所が設定タウン以外、あるいは不明な場合があるので、年間市場規模と完全には合致しない

1▶5 外食，中食，内食ボーダレス時代の到来

1▶5▶1 ボーダレスな競争

　外食、中食それぞれの市場動向、タウンという概念で地域ごとに異なる市場の違いを見てきたが、この外食／中食／内食と言う分類が徐々に時代にマッチしなくなってきているように思う。

　図表 1-22 に示すように、従来の分類では整理がつかない様々な業態が登場しているのだ。

　例えばグローサラント（グローサリーとレストランが合体した造語）では、スーパーマーケットで食材を購入し、その場で調理してもらってイートインスペースで食べることができる。これはいわば内食と外食の中間的なスタイルである。また最近台数が増加しているキッチンカーは調理や販売形態は外食に近いが、喫食スペース自体を持たないため外食と中食の中間的な業態と考えられる。また最近都市部で増加している飲食店からの出前サービス（UberEats、出前館など）は商品提供者の主体は飲食店＝外食である。

図表 1-22　ますます複雑化する競合環境

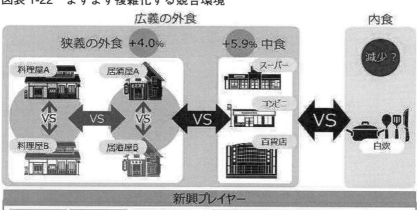

こうした多様性が進んだことで、外食／中食／内食の分類はもはや形骸化しており、市場調査においても分類がハッキリと提示できないがゆえに、数値的な市場把握が困難であることが課題だ。

しかしながら、消費者にとっては様々なシーン（食事の機会）で多様な選択肢が増えていることは歓迎するものであり、食を提供する飲食店側で重要なのは、多様なシーンで消費者が求める「価値」に対応した商品サービスをいかに提供できるかだ。この「価値」については、第3章で詳しく述べる。

一方、業態の多様化は、2019年10月消費税率改正に合わせて施行される軽減税率制度において大きな議論を呼んでいる。商品提供のスタイルによって適用される税が8% or 10%と異なるが、イートインと休憩所の定義など適用基準が現状に則さないとの指摘や、「テイクアウトで買ったものを、着席して食べたら追徴するのか？」など消費者の行動によって店側がどう対応するかは懸案だ。現状様々な議論の残るこの課題についての詳細は本書では割愛するが、システム改修や現場スタッフに求められる説明力など、店舗現場で負荷の大きい課題であり、イートインとテイクアウトが混在する店舗などでは特に、最新の情報、オフィシャルの資料等を詳しく確認したい。

1▶5▶2　胃袋の数が減少する一方で、なぜ外食、中食マーケットが拡大しているのか？

　人口の減少＝胃袋の数の減少は市場の縮小を意味するのは前述のとおりだが、食の安全安心財団による「外食産業市場規模推移」において、中食は年々増加し2018年には10兆円を突破。一方の外食も2011年以降増加している。

　また、ホットペッパーグルメ外食総研の「外食市場調査2017」においても、外食市場、中食市場ともに前年比が伸びている。

　この理由を以下のように考察する。

1. 「食の外部化率」の上昇……自分で調理しない外食中食の機会の増加
2. 「エンゲル係数」（収入における食費の割合）の上昇……行事や趣味的な外食費の増加

   ※エンゲル係数については、生きるために必要な食支出のほかに、冠婚葬祭などの行事や趣味的な外食支出も含まれるなど多様化しており、第3章にて詳述する。

3. インバウンドによる消費（地域によって異なる）

   ※ホットペッパーグルメ外食総研　外食市場調査は調査対象に外国人を含んでいないため外国人旅行者による消費は含まれていない。

4. 都市部の人口増加

   人口減少の一方で、都市部の人口流入が続いており、特に大都市圏においては人口が増加している。

　人口減少による胃袋の数の減少は、中長期的には、少なくとも外食中食の国内市場を減少させるはずであるが、上記の理由によりここ数年の市場は数値的には拡大していると考えられる。

　食の市場は全国一律ではなく、地域、街によって変化することを本章で見てきたが、市場は消費者の世代や価値観によっても変化する。この変化を理解するためには、調査データだけでなく、さまざまな視点からのアプローチが欠かせない。

1 ▶ 6　インバウンドはマーケットの構造変化と考えるべし

　訪日外国人向けの市場はここ数年で大きく拡大した。
　日本政府観光局のデータによると、2017年の訪日外国人の数は全国で2,869万人と3,000万人に迫る。
　2012年以降の訪日外国人の急増は、もとよりの日本食ブームから、世界遺産認定、円安などの要素もあり、東京オリンピックに向けて熱が高まっているのは確か。間違いなく「大きな需要」がそこにはある。
　ただ、1998年長野冬季オリンピックの際に、オリンピックに合わせて建てられた多くのホテルなどの施設が廃業になった過去のように、オリンピックを単なる「特需」にしてはならない。マーケットを進化させる契機と考え、グローバル化が進む市場の中で、より魅力的な日本の食、外国人からわかりや

図表1-23　急拡大するインバウンド市場

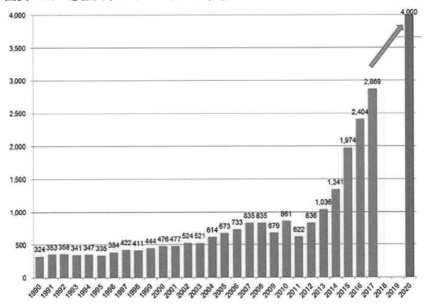

日本政府観光局（JNTO）「訪日外客数」
「明日の日本を支えるビジョン」（2016）より

すい日本食、そして外国人にとって働きやすい環境を作ることが必要とされている。

　拡大するインバウンドマーケットに対し、にいち早く積極的に取り組まれているワンダーテーブルの秋元社長に、考え方について伺ってみた。

1▶6▶1　株式会社ワンダーテーブル代表取締役社長　秋元巳智雄氏　インタビュー

　　株式会社ワンダーテーブル　代表取締役社長　秋元巳智雄　氏に聞く

──インバウンドに積極的に取り組まれた経緯は？

　当社がインバウンドに取り組み始めたのは、今をさかのぼること約15年前。当時はまだインバウンドという言葉はなく、「ツアー」と言っていた時代で、年間の訪日外国人も1万人に満たなかった頃です。

　ワンダーテーブルは関東と大阪、特に新宿に多く店があり、それも100坪超、中には200坪を超える大型店を展開していました。

　当時は、バブル崩壊後、「失われた20年」のさ中。外食全体の集客が厳しく、なおさら大型店では席が埋まらない。我々としては外国人をお客様として受け入れることが必要なことでありました。

　当時は香港、台湾の人を中心に外国人は少なからず街に来ていましたので、そこをビジネスチャンスと思い集客したわけです。来店したお客さんに聞いてみると「代理店の紹介」「ガイドさんの紹介」だというので、「じゃあここを強化しよう」と、ツアー会社に声をかけて仕組みを作っていったのです。足しげく代理店に通い、ツアーガイドと仲良くなるなど泥臭く開拓をし、現在では法人としては200、個人としては120、合わせて300以上のネットワークを持つに至っています。

　その後継続して積極的に集客を続けた結果、2014年には約26万人が来店、新しい中期計画がスタートした2015年はこれを10%伸ばす計画でしたが、結果2015年は約30万人が我々の店に来店するまでに増えています。今後はこれを2020年には36万人にしたいと思っています。

——外国人は集客の何割くらいでしょうか?

　それは地域と店（業態）によると考えています。

　当社には17ブランドありますが、ブランドとエリアによって外国人比率は変わります。新宿は特に外国人が多いから、例えばモーモーパラダイス歌舞伎町牧場は売上の5割以上が外国人によるもので、日によっては7割、8割の日もあります。

　鍋ぞう、モーモーパラダイスなどすき焼き・しゃぶしゃぶ業態全体でいうと14〜15%ですから、それくらいエリアと店によって差があるということになります。

　客数でいうと、例えば新宿は圧倒的に多く13万人、以下港区、渋谷、池袋、浅草と続きます。また客層の違いもあって、2位の港区は、駐在など比較的品のいい外国人が多いといった特徴も見られます。

　歌舞伎町牧場は、53%が外国人と最も比率が高いのですが、実際に目で見ると8割くらいに見えます（笑）。

　一方、鍋ぞうなどは郊外店もあるので、そういう立地の店は日本人のファミリーが主体になるというようにエリア、業態によって大きな違いがあります。

——店ごとの集客の内容はどうやって把握されているのですか?

　POSレジを活用して把握しています。POSレジへの登録は5〜6年前に始めましたが、我々は「売り上げの中身を知る」ということを重視しています。

　一般的に「売上＝客数×客単価」とみることが多いですが、当社では「客数の中身って何?」をみることを重要と考えており、「男女」の他、「世代」をG0、G1、G2といった分類で把握。また、ビジネス利用なのか、デートなのかなど、「利用動機」もみています。

　こうしたデータを店ごとにカルテにして、「○○店は20代を増やす戦略でやっていたけど、増えてない……」とか「アラサー女性獲得大作戦をやったけど、増えた店と増えてない店の違いは何?」というように、次の戦略立案に活かすのです。

———インバウンドに対する具体的な取り組みは？

　具体的な取り組みでいうと当社では、ツアー会社への営業、ホームページの外国語対応、雑誌への掲載などの他、トリップアドバイザー、YELP、google＋など、海外サイトへ情報提供していることを店頭に掲示。

　店内では写真付きの外国語対応メニューのほか、iPad のスマートメニューで 11 カ国語のメニューを表示できるようになっています。また、各国語でお客様に挨拶ができるマニュアル冊子を元に従業員でロープレも行なっています。

　こうした取り組みは、インバウンド"対応"ではなくて「おもてなし」の一貫なのです。

———グローバルな市場にビジネス展開されている御社ですが、日本の今の外食市場、インバウンドブームをどうご覧になっていますか？

　今の市場では、日本人で日本人を相手に商売ということ自体が、もはやナンセンスだと思っています。今、世界中で日本の食が求められ、店がそんなに頑張らなくても外国人が来てくれていますが、その一方で業界全体を見渡すと英語のメニューがなかったり、外国人からの予約の電話が掛かっても切ってしまう店すらある現状があります。「"おもてなし"って言うけど、確かにそうだったな！」」「やっぱり日本のおもてなしってスゴかったね！」と喜んでもらえるようになるためには、業界にはまだまだ多くの課題があると考えています。

　日本の食のクオリティは世界で一番だと思いますが、店全体の「総合力」でいうとニューヨーク、ロンドンなど世界有数のキャピタルシティに比べると、まだ劣っていると思っています。

　我々は中期経営計画において、「卓越したブランドとホスピタリティで世界のお客様を魅了できる外食産業となる」という 2020 年に向けたビジョンを発表しましたが、世界に通用するレベルに日本の外食レベルを上げていきたい。僕らはそのオピニオンリーダーになりたい———そう考えています。

　日本はちょっと前まで景気が悪かったので、居抜き 200 万で店作っちゃいました……みたいなことが社長の自慢話になる、そういう発想ではこれからはだめだと思います。

長く愛される、本物のクオリティの店を創ることが大事。

　食のクオリティも、雰囲気も、サービスも、世界から、総合的にレベルが高いと思ってもらえるようなおもてなしを創造しなければならないのです。

　インバウンドは「ブーム」ではなく、市場の大きな変化だと思います。

　外食産業は、インバウンドをお客様として、また在日外国人を働くスタッフとして迎えることで「国際化」していかないとビジネスとして成長できない、ということを強く認識すべき。そう感じています。

2016年6月　取材　竹田クニ

株式会社ワンダーテーブル

鍋ぞう、モーモーパラダイス、バルバッコア、ロウリーズ・ザ・プライムリブ、オービカ モッツァレラバーほか計17ブランド

国内55店舗、海外7カ国54店舗を展開

〒163-1422　東京都新宿区西新宿3-20-2　東京オペラシティタワー22階

TEL：03-3379-8050（代表）FAX：03-3379-8055

URL：http://www.wondertable.com/

第2章

飲食店のためのマーケティング「街×ターゲット×シーン」
──「ターゲットは20代女性」だけではうまくいかない!

　第1章では、外食市場の特徴について調査データを中心にみてきた。

　続く第2章では、実際の街をどんな視点や考え方でみることで、飲食店の戦略に展開していくのかについて考えたい。

　飲食店がマーケティング視点で考えるための基本的なフレームやツールとして、ホットペッパーグルメの営業部やクライアントで実際に行なわれている手法を含め、実践的なものを紹介したい。

　まず、飲食店のためのマーケティングの基本として本書が提唱するのは、①街②ターゲット③シーン　の3つである。

2▶1　「街」──どんな会社や施設があって、どんな人々がいて、どんな外食をしているのか?

2▶1▶1　鳥の目→街を俯瞰して見る

　最初のステップは街を「鳥の目」で俯瞰して見ること。手順は2つ。

　まず、どこにどんな会社や団体・商店街・商業施設、病院・学校・役所などの公共施設、住宅街・団地・高層マンションがあるのか、そしてどんな繁盛店や競合店があるのか、を地図を参考に明らかにする。

　そして次は、そこには「どんな人々がいて」「どんな外食ニーズがあるのか」を具体的にイメージしてみる。

　例えば大きな商社やメーカーの本社や支店があればOLや若い営業マンが多くいて、女子会や、営業の達成会、歓送迎会などが多くみられそうである。外資系企業やIT企業など給与の高そうな企業、あるいは広告代理店やテレビ局など情報感度の高い人が多い企業には、食にうるさいアラサー、アラフォーが多くいそうだ。

第2章 飲食店のためのマーケティング「街×ターゲット×シーン」 53

図表 2-1　鳥の目で俯瞰

どこにどんな　会社、商業施設、病院、住宅街、etc.
繁盛店、競合店はどこに？

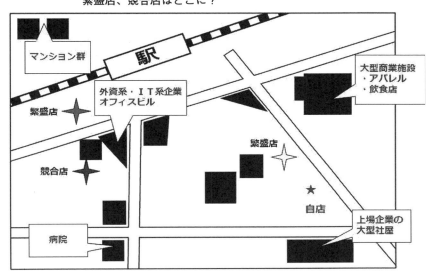

そこで働く・生活する消費者を具体的にイメージ

＜商社・メーカー＞
■従業員数多い
■OLが多い

歓送迎会、OL女子会

＜商業施設＞
・シフト制
・アルバイト・パート従業員

流行に敏感な若いスタッフの
遅い時間の食事
ショッピング帰り客の軽食

＜外資系・IT系、広告、TV局＞
■フレックスタイム制
■高収入

食にうるさいアラサー・
アラフォー
高単価の食事兼呑み

＜大病院＞
■シフト制の看護師＝平日

意外と単価の高い医療関係の
宴会

＜県庁・市役所＞
■帰宅時間早め
■年齢幅広い
■人事異動が多い

中高齢者の宴会
イベント、会合後の
大人数の懇親会・交流会

＜マンション群＞
■近くに学校
■ファミリー

ママ同志、趣味サークルなど
早い時間の会食

大型の商業施設があれば、アパレル関連にはハイセンスな販売員がいるだろうし、またシフト制で働く店員であれば夜遅くの食事利用などが期待できる。大型マンションや学校の周りには、昼間のママ同士の集まりも多そうである。

こうして街の俯瞰から、そこにある企業や施設に"いるであろう人々"の**外食機会を想像し、書き出してみることで、その街の客層の予想がついてく**る。普段から知っている街で「この街はこういう街だから……」とわかっているつもりでも、詳しく見てみたら意外な会社や施設があった、ということは多い。

2▶1▶2　魚の目＝どんな店が繁盛していて　虫の目＝どんな人々が　　　　　　外食しているのか？

次に見たいのは、実際に繁盛している店、人気店の動向だ。その店ではどんな人々が、どんな目的で、何を飲み食べているのか？　これを実際の店舗に客として行ってみるのである。

図表 2-2　横浜市のとあるエリアで実際に作成された視察メモ

　　　　　　　　虫の目……実際に飲食している消費者を見る
　　　　　　　　魚の目……人気店・繁盛店を見る

「●●●●」（創作料理）
【ダレ】**30代の女性**/2〜4名
　OLというよりは、スーツなど着た女性が多い
【イツ】木金が多い
　時間帯は19時〜だが**20時過ぎ予約なし**
　で来るケースも多い。
【ナニ】単価は3500〜4000円
　コースよりも単品で、パスタ、サラダなどが人気
　野菜のメニューも良く出る。
　ドリンクは**ワインやスパークリングがよく出る。**
　4名位だとボトルで頼む人も多い。

居酒屋「●●●●」
【シーン】①女子会
【ダレ】**30代〜40代の女性**/10名前後/**近隣住宅のマ**
ダム。土・日に家族連れでたまにリピートする人がいる。
【イツ】月〜木が多い。時間帯は18時〜。**遅い時間は少**
ない。前もって予約が多い。
【ナニ】**3300円の女子会コース多い。**通常のコースより、
量を減らし、質の良い物をだし、値段もお手頃価格にした
もの。
飲み物は**カクテルが多い。**なかでもカシス系、**まっこり。**
ビールを飲む人はかなり少ない。
アルコールを一切飲まない人団体も多い。

●●●●（昭和レトロ系居酒屋）
【ダレ】3〜4人の20代前半女子。おしゃれな娘が多い。
【イツ】曜日関係無し、OPEN直後の17時〜19時までの早い時
間に入店。**滞在時間は2時間未満（ご飯使い？）**
【ナニ】**「揚げパン」が人気！**他にも食パンの耳揚げ¥50など、
安くて楽しい感じがするメニューが人気。ドリンク一番人気は
「冷凍みかん酎ハイ」¥390。最終的な単価は1人2000円強。

中華料理「●●●●」
【ダレ】2種類の女子会。
　①**富士フィルムのOL**
　②**看護婦**
　共に20代〜30代がメイン。
【イツ】曜日／金曜日。次に水曜日。
　時間／19時〜20時がピーク。
　看護婦さんは、毎週平均的に来るが、OLは給料日（25日
の来店が多い）
【ナニ】看護婦1050円の定食が一番飲まれる。定食の内容は、
坦々麺・餃子・スープ・お新香・ライス・デザート。ドリン
クは、**1杯の人が多く**カシス系の**カクテルが一番飲まれる。**

鳥の目で「どんな人々がどんな外食していそうか？」と置いた「仮説」を、実際に"虫の目"で見に行くのである。

図表 2-2 は、実際にホットペッパーグルメの営業部で行なわれたものの一部で、営業マン数名がそれぞれ繁盛店に視察に行き、来店していたお客様について観察できたものをまとめたものである。

ご覧いただくように、「どんな人が」「どんな曜日や時間帯に」「何を目的に」「何を飲み食べしているのか」＝「ダレ、イツ、ナニ」について記入してある。

鳥の目でおいた仮説を実際の店舗視察によって確認し、より詳細な現実を情報としてつかむのだ。

ここで実際の街をモデルケースに見てみたい。

2▶1▶3　ワインバル聖地はなぜできたのか？──ワインバル聖地（八丁堀、新川、新富町）

ワインバルの聖地、と言われる八丁堀、新川、新富町エリア。このエリアは近年多くのワインバルが繁盛し、第3次ワインブームと言われるムーブメントを象徴する地域となっている。それがなぜこのエリアで起きたのか？

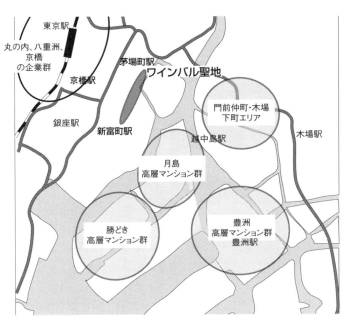

この地域は、新川、新富町、八丁堀、勝どき、月島という東京都中央区の湾岸エリアの中でも居住者が多く、比較的近年にできたタワーマンションなど人口が増えているエリア。特に近年に転居してきた人々は大手町、丸の内、八重洲、茅場町などの企業に勤務する比較的年収の高い人々が多く、彼らの中には、普段使いに近いシーンで一人あたり4000円位を費消できる人々も少なくない。銀座・有楽町には店はいろいろあるけど予算も高め。かといって安い居酒屋やチェーン店で飲む気もしない……そこに、こだわりと個性のある手作りのフードと、リーズナブルに飲めるワインを提供するビストロ的な業態が受け入れられたのだ。

Pont du Gard（新富町）

MARU（八丁堀）

ぶーみんヴィノム（宝町・新川）

tamaya（八丁堀）

　このワインバル聖地の例から読み取るべきは、その街が持つどんな客層をターゲットにするかによって、ヒットする業態は変わってくるということである。ワインバルが「たまたまその地で当たった」のではなく、この地に着目し、店づくりを行なってきたパイオニアたる方々がこの街の客層とシーン（外食機会）を見抜き、ワインバルを栄えさせた、ということができる。

〈事例〉 神田 「VINOSITY」の出展戦略

　今や東京のワインバル界で知らない人はいないという神田「VINOSITY」を中心に現在5店舗を展開する株式会社シャルパンテ。
　代表の藤森氏は、今をさかのぼること7年前、このワインバル聖地である八丁堀、新富、新川エリアから少し離れた神田に1号店をオープンさせた。出店場所を決定するに当たり同氏は、出店候補地の脇に車を止めて、約1週間、その通りを歩く客層、時間帯による人の動き、近隣の企業や施設の顔ぶれ、近隣繁盛店の視察を続けた。藤森氏がVINOSITYにかけた想いは「もっとカジュアルにワインを楽しんでほしい」「もっとワインの消費を増やしたい」というものであったそうだが、この徹底した独自のリサーチで街の動きをつかみ、ターゲットとなる客層の存在をつかんだのである。

2▶1▶4　同一エリアでも異なる客層によって戦略を考える

〈事例〉　吉祥寺「ニライカナイ」

　同じ街で、エリアによって異なる客層によって細やかに戦略を変えている興味深いケースもある。

　吉祥寺「ニライカナイ」は、吉祥寺に3店舗の沖縄料理店を経営。出店エリアによって異なる客層に合わせて、メニューとPR内容を変化させて成功している。

　吉祥寺という街の中で同店が出店するエリアは──

　①「井の頭公園周辺」……公園に行く人が多く、特に平日は学生など若者のカップルが多い
　②「歓楽街」……………駅北東に隣接する歓楽街。居酒屋などが多い夜の街でピークタイムも遅め
　③「ショッピング街」……百貨店やセレクトショップが多く、女性客が多い。

　3つのエリアの特徴に合わせ、**図2-3**のように店ごとにメニュー、訴求する商品を変化させている。

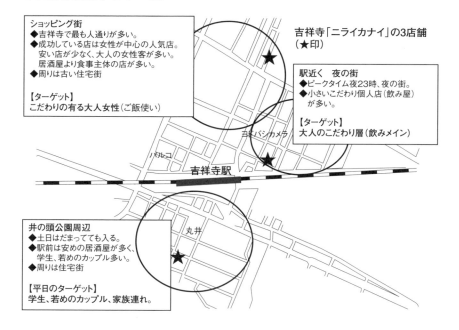

若者が多い①「井の頭公園周辺」では、まだ外食経験の少ない若者にわかりやすい、ラフテーや海ブドウなど「沖縄ド定番」のメニューとともにカップルシートを提供する。一方②「ショッピング街」に集まる外食経験も豊富で自身のこだわりも確立されている大人の女性に向けては、ブランド豚やオーガニック野菜など沖縄の食材の良さという価値を訴求。③「歓楽街」の店舗では宴会需要も多いことから、個室やテーブルなど宴会ニーズへの対応力を訴求している。

ニライカナイは沖縄料理の店であるが、その競合店は沖縄料理など専門店ばかりではなくカフェ業態であったり、居酒屋であったりと出店地域によって異なる。ニライカナイの事例は出店エリアのターゲットを細やかに設定し、各エリアで「選ばれる」ための差別化を戦略的に行なっている好事例といえる。

図表2-3　3店舗それぞれ異なるターゲットに合わせて訴求

2▶1▶5　地方都市や非繁華街では「絞り過ぎず」、複数のターゲットを「明確に」することが大切

ターゲットという話をすると「それは都会の話でしょ⁉」という方がい

らっしゃる。「東京など大都市ではそうかもしれないが、地方ではターゲットを細やかに設定することは無意味だ」こうした意見も存在する。

確かに上述の2事例は、都市部や繁華街など、もともと人通りの多いまちでターゲットを「絞る」ケースだ。

結論から言えば、地方都市や非繁華街では、**「複数」のターゲットを明確にし、それぞれに訴求できる戦略**を描くことが必要になる。

複数のターゲットを明確にすることと、そもそもターゲットが「曖昧」というのは似て非なるもので、複数であっても、ターゲットに響く店の強みは何か？を明確にして、顧客満足や集客を考えることは「基本」として変わらないはず。

この複数のターゲットに対応した事例として、居酒屋のファミリーユースの事例がわかりやすい。

2▶1▶6　居酒屋のファミリー利用「いざか族」

〈事例〉居酒屋の「家族利用」で集客増「居酒族」

ホットペッパーがグルメ2013年12月に「居酒族（いざかぞく）」というトレンドキーワードを発表した。これは居酒屋で家族連れが晩餐を楽しむという現象で、都市近郊などで最近特に顕著に見られる。

「いざか族」はこんな家族

㈱リクルートライフスタイル　2013年トレンド予測より

「居酒屋という飲酒業態の極みに、子供を連れて行くとは何事か」という反対意見も市場にはあるが、実際に訪れている家族は居酒屋を大いに満喫しているようだ。

　総合居酒屋業態は、席数が多く、個室がある店も多い、メニューが豊富で、家族それぞれが好みのものを食べられるなど、実は家族連れにとって便利なサービスが揃っている。そこに注目した家族連れが、居酒屋を晩餐の場として選んでいるのだ。

　この「居酒族」を積極的に受け入れようという居酒屋は、下記の例のように家族連れ向けのイベントを催したり、キッズスペースを充実させたりという工夫を凝らす一方で、「分煙」など、飲酒動機で来店する飲み客（＝大人）と区別し、双方に不自由さや不満を感じさせない配慮をしている。

　この「居酒族」の集客は、店側としても、早い時間帯や休日の売上獲得につながっている。

居酒族（いざかぞく）の販促事例

居酒屋てんてん（大阪市北区）
2012年から親子体験イベントを多数用意するなど対応を強化。
「お子様とお父様でハンバーグ作り！お母さんにサプライズ！」など。

▲キッズスペースも準備

▼店内のボードにずらり張られた親子イベントの告知

㈱リクルートライフスタイル　2013年トレンド予測より

　「居酒族」の事例は、家族連れと大人の飲み客という複数のターゲットを設定した事例として大いに参考になるのではないだろうか。

　またPRの事例としても、食材や料理だけでなく「この店はあなたに来てほしい店です」「こんな飲み方や楽しみ方ができる店です」ということを明確に訴求している点が優れている。

「○○が食べられる店」「○○が美味しい」というのは店側の一方的なアピールだが、「こういう使い方、楽しみ方ができる」というのは「消費者視点のPR」と言ってよいだろう。

2▶1▶7 「ポータグルメ市場」を狙え！

どこでも外食が楽しめる「ポータグルメ」市場とは？

従来の外食／中食／内食では分類しきれない、多様な業態や提供スタイルのサービスが登場してきていることは第1章でも述べた通り。

「買ってきて食べる」中食は、従来、仕事や家事など時間的な制約がある中で食事をする際に、弁当や惣菜など利便性の高い食を提供してきた。近年の食品製造の技術革新によるクオリティアップとコストパフォーマンス向上、コンビニ、スーパーなどチャネルの拡大により伸び続け、それは「中食の浸食」と呼ばれ外食産業にとっては脅威であった。

しかしながら、外食側にも最近新たな動きが顕著に見られるようになってきた。

テイクアウトやデリバリーは外食から積極的な参入が見られ、飲食店ならではの高いクオリティを提供している。ファミリーレストラン、ファーストフードなどの以前からの取り組みに加え、「UberEats」「出前館」「ごちクル」などデリバリーを専門とする事業者の登場でここ数年加速した。中にはミシュランで星を獲得した飲食店や、焼き立てステーキをチェーン展開する店のデリバリーなど、従来の中食では提供されてこなかったメニューを自宅やオフィス、会議室やイベント会場など場所を問わず楽しむことが可能になり、外食にとっての新しい市場が形成されつつある。

消費者にとっては、こだわった食材、レシピ・調理技術、作り立て、ストーリー etc. といった、工場生産、作り置きの中食では提供できない高いクオリティの食事を、飲食店店内だけでなく様々な場所で、最近では、GPSデータにより、イベント会場や花見の席などでも楽しむことも可能になっている。

ホットペッパーグルメ外食総研ではこうした市場を、**ポータブル**（持ち運びできる）＋**グルメ**（おいしい）を合わせて「**ポータグルメ**」市場と呼んでいる。

飲食店にとって「ポータグルメ市場」は、新たな「白地マーケット」であ

第2章　飲食店のためのマーケティング「街×ターゲット×シーン」　63

り、またそこへの取り組みは「店舗外売上の獲得」となる。

　出前サービス事業者に手数料を払っても、配達料を含めた価格設定など、利益を確保するマネジメントを行なうことによって業績拡大に貢献できるのではないかと考えられ、積極的に取り組まれてはいかがだろうか。

　ポータグルメ市場の拡大する背景としては、時短や在宅勤務など働き方改革や女性の社会進出など、喫食の場所とスタイルが多様になったことの影響が大きい。

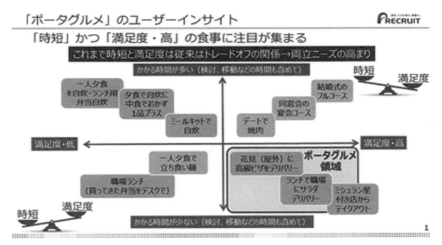

資料：株式会社リクルートライフスタイル
　　　ホットペッパーグルメ外食総研

　上の図右下の、「検討や移動といった時間的な効率が高く」「満足度も高い」という象限は、これまで中食が提供しきれなかった領域。そこに外食が「外食ならでは」のクオリティを持ち込んでいるのだ。
　数年前より「中食の浸食」という言葉で"市場を奪われている"と言われてきた外食が、今度は自らの創意工夫でマーケットを作り始め、逆に中食と市場を争うようにも見える。

　事例をいくつか見てきたが、それぞれの事例を通して見えるのは、街でさまざまな外食機会を楽しむ消費者の姿だ。
　飲食店とは、食事と酒を提供するだけではなく、消費者の何らかの目的を

持った「集い」を媒介するメディアであり、人と人とのつながりを生むコミュニティという性質を持つ。
　ここでもう一つ、コミュニティとしての「横丁」の事例を見てみたい。

2▶1▶8　飲食店はメディアでありコミュニティである

〈事例〉横丁という新たなコミュニティ「ハモニカ横丁　三鷹」
　人と人との新たな交流が生まれる場として新たな文化的な意味を持ち始めた横丁。そこにはどんな人々が何を求めてやってきているのか？
　「ハモニカ横丁　三鷹」は、吉祥寺でブレイクした横丁「ハモニカ横丁」を、新たに三鷹でプロデュースしたもので、駅前のロータリーを一本裏に入った場所にある休眠ビルを活用する形で 2013 年に誕生した。
　東京の西側に位置するこの横丁は、すし、焼鳥、イタリアン、餃子、焼肉、日本酒など小さな個店が集まり、中央にあるフードコートのようなテーブル席で色々なお店から注文するもよし、個々の店の席でじっくり楽しむもよし……と、人それぞれの楽しみ方ができることが特徴である。
　客層は多彩。見るからに上質のジャケットと洒落たハットをかぶった 60 代の男性が一人で立ち飲みで日本酒を楽しんでいるかと思えば、学生と思しき 20 代男子が悪友 3 人でステーキをモリモリ食べている。センターにあるテーブルでは 40 代の両親と小学生 2 人のファミリーが、子供たちはピザ、お父さんは焼鳥とビールを楽しむなんていう光景が見られる。筆者もここには 3 度ほどうかがっているが、なぜか見知らぬ隣席の方と会話が弾み、ひと時の楽しい時間を過ごすことができた。
　またこの「ハモニカ横丁　三鷹」は、昼間は地元野菜のバザーや、ワイン教室など、多目的に利用され、まさに新たな「コミュニティ」として機能し

ていることも注目である。

第1章で，団塊世代，団塊ジュニア世代が首都圏外縁部に多いと述べたが、ここ三鷹は16号線と環8の間に位置する東京西側エリアであり，団塊世代団塊ジュニアが多く居住する。「ハモニカ横丁　三鷹」は、一人で、家族で、友人と……多様な世代の人々が各々のシーンを楽しみ、交流が生まれる「コミュニティ」として機能している。

2▶1▶9　外食人にありがちな「間違った視察」

飲食店の経営者や外食関係者の方々もよく繁盛店の視察にいかれていることと思うが、外食関係者に限って、"色々と詳しい"が故に間違った視察になってしまうことがある。どうしても「業態」や「内外装」「メニュー」「メニューブック」や「ＰＯＰなど売り方のアイデア」「スタッフ接客」…etc.こういった同業者だから気になる観点に目が行きがちなのだ。

もちろんそれはそれで大切であると思うが、「虫の目」で見るべきは、そのお店にきている「お客様」。

「どんな人が」「どんな曜日や時間帯に」「何を目的に」「何を飲み食べしているのか」＝「ダレ、イツ、ナニ」これを是非とも視察では見ていただきたい。

視察では、繁盛店の「戦略」と「実際にきているお客様」とを見たうえで、「学ぶべきポイントは何か？」と考えるのが順番なのだ。

2 ▶ 2 「ターゲット」──同じ性年代でもこれだけ違う、消費者の11タイプ「外食する人びと図鑑」

「街」の次はターゲットについて詳しく見ていく。

ターゲットとは「狙う客層」を意味するが、飲食店に「この店のターゲットは？」と聞くと──

「やっぱり20代の女性だね」とか、「この辺で働いている会社員」と答える飲食店は非常に多い。ターゲット設定は実はこれでは全く不十分なのだ。

例えば同じ20代と言っても──以下のAとBでは全く異なる。

Aの「堅実女子さん」は、例えば派遣で事務系の仕事についている、派手さはないが勤勉な社会人を想像してみてほしい。外食機会はさほど多くなく、予算も控えめである。

一方、Bの「情報セレクトネイティブさん」は、IT系や外資系、広告・マスコミ関連などに勤務する人びとで、Aの堅実女子に比べると給与は高め。

情報感度が高くて流行のお店にも詳しく、交友範囲も広い。趣味的な外食やファッション、コスメなどにも出費の多いタイプ。

A、B両者の違いは明らかで、例えば会社帰りに仲良し3人組で女子トークに花を咲かせる際の店選びは異なるし、飲食店側もAとBのどちらを来店させたいかによって訴求するポイントが異なるはずだ。

このように、性年代だけではくくれない人々の"タイプ"の違いを明らかにするものが、「ペルソナ」と呼ばれる人物の類型化手法で、特に飲食店の集客、販促においては重要な意味を持つ。

ホットペッパーグルメでは、このターゲットを明確に、よりわかりやすくするべく、「外食する人びと図鑑」というペルソナ集を作成。性年代ではくくれない「11のタイプ」をわかりやすくキャラクター化し、飲食店のためのターゲット設定ツールとして活用を薦めている。

性年代だけではくくれない、消費者の"タイプ"を11に分類

　この「外食する人々図鑑」は、「カスタマーセグメンテーション調査」と呼ばれる調査手法で約2400名の消費者アンケートから科学的に人物像を抽出している。

　具体的には「美味しいものは多少値が張っても食べたい」「大人数の酒席は苦手」「有名店、有名シェフの料理を食べたいと思う」「インターネットや情報誌で店を探すことが多い」など外食機会の傾向や美食探究度、情報収集の仕方など50個に及ぶ質問を設定、また「食」以外の「購読誌」や「所有している車」など生活スタイルに関連した設問、さらにフリーアンサーで得られた回答などを加えて11のタイプをキャラクター化している。

2▶2▶1　20代でこれだけ違う志向と行動

20代といっても、先ほどあげたもの以外にも実はこれだけのタイプが存在し、外食傾向も違えば、生活スタイルも異なる。

※各タイプはある程度年齢に幅を持っているが、最も構成比の高い年齢層をイラスト化している。

「堅実女子」さん（⇒ 80p）

外食頻度は少なく、予算も控えめ。店選びはWEBや情報誌で慎重に行なうが、食のウンチクにはあまり関心がない。

コスト意識が高く、昼は同僚とお弁当を広げたりすることも多い。

コストパフォーマンスの良いお店に行きたいので、ポイントやクーポンなどお得情報があるとウレシイ。

「情報セレクトネイティブ」さん（⇒ 84p）

同世代の中では高給で、外食頻度が高い。情報感度が高く、グルメ、コスメと興味関心の分野も幅広い。

また、交友関係が広く、ＳＮＳなどのコミュニケーションツールの使い方も上手で、流行のお店情報などにも詳しい。

決して高級志向なわけではないが、TPOに合わせて色々なお店に出かけるアクティブなタイプ。

「今週末もミー☆ハーお出かけ」さん（⇒ 81p）

フットワーク軽く流行の店やスポットに出かけるアクティブな若者。情報源はテレビ番組や雑誌が多く、最近はFacebookやLINEで話題の店もチェックしている。お出かけが多くお金もかかる

ためメリハリ消費が必要だから、クーポンや割引があるのもありがたい。自分で店選びの基準が明確なのではなく、「話題になっている店やスポットを経験すること」に満足感を感じる。

「食事＝生命維持」さん（⇒ 88p）

家で食事をとることが多く、特に必要がなければ外食はしない。宴会など大人数の酒席は苦手で、できれば参加はしたくない。

食事はコンビニ、弁当屋など近所にあるところで済ますことが多い。安さとボリュームが大事で、野菜が採れたりするとポイントが高い。

「自然体リスペクトのマイワールド」さん（⇒ 90p）

自己主張をあまりせず、趣味らしい趣味や生活にこだわりも見せないため、周りから見ると個性がないようにも見える。

つき合いは悪くなく、外食の頻度も高いが、お店選びは基本的に人任せ。店選びでセンスや自分の好みが問われても嫌だし、あまりこだわりを見せるところではないと思っている。

2▶2▶2 外食回数の多いオジサンたちはライフスタイルで大きな違い

いわゆるオジサンたちを見てみよう。

ライフステージとしては、子供のための出費や地域での活動などが生活に大きく影響する世代である。

「飲みニケーションミドル」さん（⇒ 79p）

昔から居酒屋などに生息するご機嫌な飲み好きオトーサン。特徴はコスト意識が高く、味にはうるさくない。仕事帰りに酒を飲みながら本音で語り合う、そんなシーンが大好きで、飲みに行く回数は減らしたくないから、料金は抑えて、そこそこ美味しければ満足、というタイプである。

「自己表現消費」さん（⇒ 86p）

食について知識やこだわりがあって、外食機会が最も多いタイプの人々。収入は高めで社用での接待などの機会も多い。また部下や後輩を誘って旨いものを食べながら、うんちくをついつい語ってしまったりする。外食で何を飲み食いするかは、自分自身のこだわりが表現される場として重要で、なじみの店の他、最近のトレンド、流行の店の情報収集にも積極的。ただし、傍から見ていると結局、王道、定番を選んでいるようにも見える。

「地元ィパパ」さん（⇒ 89p）

　生活の中で地域に関係した活動の比率が高く、地域団体、例えば商工会や祭りの団体、スポーツチームなどの活動に熱心。最新のトレンドや流行のお店は知らないけれど、必要なら金を使う太っ腹なコスト感覚をもった、地域経済の中で頼れるオジサマである。

　40 代〜 50 代は全性年代の中で最も外食機会の多い世代だが、職業やライフステージはもちろん、こうしたタイプによって、回数や店選びは異なるのである。

2▶2▶3　存在感大きいシニア消費だが徐々に減衰も

　外食市場で存在感が大きいのがシニア層だ。2007年前後に60歳代を迎えた団塊世代は70代を迎えた今でも市場に大きな存在感を持っている。
　アクティブシニアという言葉に代表されるように、今どきのシニア層は、好奇心旺盛で活動意欲が高く、食べ歩きなど趣味的な外食を好む人々も多いようだ。
　シニアだから「和食が多い」「あっさりしたもの」というわけではないようで、下記の調査でも全体では寿司が1位であるものの、中華料理やファミレス、女性ではイタリアンの支持が高いなど、全体的に大きな偏りは見られない。
　また、長年の人生経験や食に関する知識から、食の安心安全に対する高い意識や、店のQSCに対するシビアな評価を持つ方が比較的多いのも特徴だ。

図表2-4　シニアの外食に関する調査

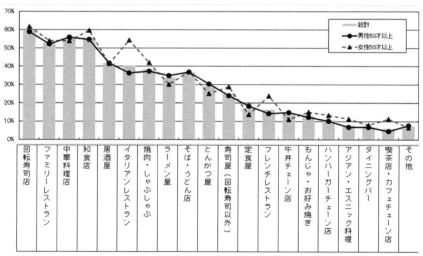

株式会社ゆこゆこ「シニアの外食に関する調査」2013年
首都圏1都3県　有効回答数1334名

シニア層の消費は、アベノミクスの追い風を背景に近年堅調だが、ボリュームゾーンである団塊の世代の後期高齢者入りが近づく等、徐々に減衰傾向を示す懸念がある。期待がまだまだ大きいシニア市場であるだけに、今後の変化に注目していきたい。

「オールドボーイ」さん（⇒ 87p）

団塊世代ど真ん中。定年を過ぎ、子供も独立したのでグルメ、旅行、若い頃の趣味復活などを楽しむ、まさにアクティブシニアという層。アクティブとはいえ、なじみの店でじっくりと旬の食と酒を楽しむなど、自分の好みやペースを大切にしている、悠々自適なタイプである。

「ファミリーゼ」さん（⇒ 78p）

長年の主婦生活から食への知識も豊富で、外食には、素材へのこだわりや上質なサービスなど「さすがプロ！」と思わせてくれるような「価値」を求める。家族との外食がほとんどだが、情報源はTV、インターネット、雑誌と多彩で、口コミを細かくチェックなど、大切な家族との晩餐を失敗させない確かな選球眼が自他ともに自慢だ。

2▶2▶4　趣味的外食が多いライフスタイルリッチ層

　この調査では「外出や外食などのイベントが多く、情報収集にも貪欲なタイプ」が世代を超えて認められたことからこの層を「ライフスタイルリッチ層」と名付け、この層を別に分けてグループ化している。
　「ライフスタイルリッチ層」共通の特徴は、年収が高めであることなどだが、年代によってライフステージが異なり、消費価値観にも違いがみられることから、20～30代、30～40代、40～50代、60代～4つの年代に分けている。

① **「情報セレクトネイティブさん」** は、20代女性のところでも登場した活動量の多いタイプ。
　インターネット、SNSの親和性も高く、あふれる情報の中から自分にぴったりの情報を探し出す、今の時代を快活に生きているタイプだ。
② **「検索上手なグル目利きさん」** は、情報セレクトネイティブよりも10歳くらい年上の年代。外食頻度は高く、飲酒機会も多い。
　バブル世代をうらやましさ半分、クールに見ながら、適度にトレンドを取り入れた自分らしい価値判断を培ってきた世代で、情報感度は高いが、冷静に流行やトレンドを見ており、TPOに合わせた手堅く堅実な消費傾向がみられる。
③ **「自己表現消費さん」「オールドボーイさん」** は前述のとおりだ。

2▶2▶5　外食市場の中では2極化の傾向

11のタイプを、コスト意識と美食探求度で分類しているのが**図表2-5**である。

コスト意識が高く、美食探究度が低いポジション……**左上にいるタイプ**は、トレンドに素早く飛びつくというよりは、やや遅れて流行に乗ってくる層（レイトマジョリティ）と考えられ、逆に**右下のタイプ**は情報感度が高く、より積極的に新しいトレンドを取り入れる（アーリーアダプタ）、趣味的な外食頻度も高いタイプと言えるだろう。

図表2-5　11タイプのコスト意識と美食探求度による分類

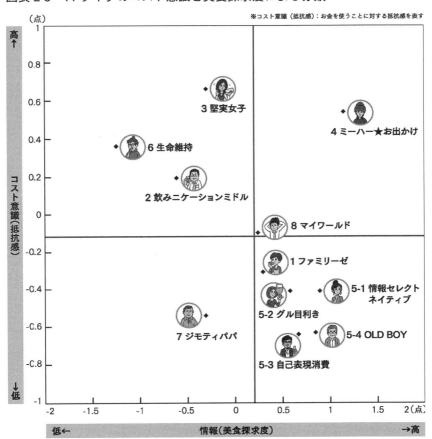

2▶2▶6　エンゲル係数上昇の中で進む「二極化」

　2016年1月15日、日経MJに2つの正反対の記事が同時に紙面に掲載された。

　一つは、個食化、共働き化が進む中でエンゲル係数が上昇しつつあり、血縁などにこだわらず、地域のいくつかのファミリーが集まって「割り勘」、あるいは「食材、料理を持ち寄って」食事をする動きが都市近郊で見られるというのだ。

　もう一つは、いわゆる「こだわり派」で、「より上質なもの」「安全安心」であれば、"支出はいとわない"という層が増えている。

　彼らの食に関する支出は、趣味的・レジャー的な消費を含んでおり、収入における食関連支出の比率の高さの意味は前者とは全く異なる。

　この2つの層はまさに2極化と言え、**図表2-5**で前者は左上、後者は右下の人々と考えることができそうだ。

「景況が悪いから」とか、「物価が上がっているから」などの背景・理由で、全国民の消費が一つの方向やトレンドに引っ張られることはなく、消費行動は人の「タイプ」によって違ってくるのである。

2▶2▶7 「外食する人びと図鑑」全 11 タイプ

　タイプによる外食の違いを見てきたが、以下に全 11 タイプをまとめて掲載する。

　この「外食する人びと図鑑」は、ターゲット設定を"指さし会話帳"のように簡単に楽しくできることを目指して作成したもので、一つ一つのタイプにはイメージしやすいように、居住地や年齢、家族構成、職業、年収、購読誌、所有している車 etc. できる限り詳細にプロフィールを例示してある。ターゲット設定する際には、このように詳細かつ具体的にイメージすることが重要で、そのターゲットが求めることや関心ごとなどのイメージをさらに細かく加えることで、自社の商品サービスの企画、販売促進などに活かしていただきたい。

　また、店のスタッフと一緒に自店のターゲットについて具体的にディスカッションしていただくことも効果的と思われ、「ウチの店はこれだよね?」「それ以外にもココは狙えるんじゃないか?」「どういう接客をするとよいか?」など、ディスカッションをすることで、スタッフがよりお客様を理解することにつながるはずである。

　より詳しいデータは、ホットペッパーグルメ外食総研 「外食する人びと図鑑」として WEB 上に公開されているので、そちらを是非利用されたい。
　※検索サイトにて「外食する人びと図鑑」で検索。
　※なお、本調査結果は 2012 年にリリースしていることから、各タイプの年齢は 5 〜 6 歳程度を加えてイメージしていただくことが妥当と思われます。

出現率
10.9%

タイプ **1**

「せっかく外でお食事するなら、ステキなお店に行きたい」
お料理大好き**ファミリーゼ**さん

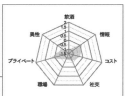

情報：「作る」・「食べる」・「お店情報」と飲食について広く関心が高い。「隠れた名店を探すのがうれしい」「有名店や有名シェフの作った料理を食べたい」など"食"への探求心が強い。
飲酒：あまり関心がない。
誰と外食するか：ほぼ家族との食事。

料理上手な専業主婦。趣味も多く、旅行や食べ歩きが好き。基本は家でご飯を作って家族を待つが、子供の誕生日など特別な日は外食を楽しむ。お酒にはあまり興味がない。情報源は、口コミ、飲食サイト、TVなど幅広い。お店選びについてはなにげなく主導権を握っており、「このお店でいいわよね？」と事前に予約を入れる。日常的に食に興味を抱いているため、知識も豊富。サービス面でも、料理でも、自分ではできないような事をされるとポイントが高い。

空想　モデルプロフィール（東京ver.）

名前	家内 幸子（イエウチ サチコ）	年齢	47歳
居住地	東急田園都市線二子玉川駅　マンション（分譲）		
家族構成	夫（50歳）・息子（22歳）・娘（17歳）		
職業	専業主婦	年収	夫の収入 800万
趣味	ベランダ菜園で作ったハーブを使って料理をする。旅行		
購読誌	オレンジページ	車	メルセデス ベンツ　Cクラス
よく行く街	いつものお買いものは二子玉川。贈り物や長く使うものを選ぶときは銀座。バーバリーやラルフローレンが好き			
よく行く外食	二子玉川髙島屋にあるイタリアン。美味しいし、車も停められて便利			

Q なぜこちらのお店に？
A こちらは地元でも有名な老舗レストランなんですよ。クラシックが流れて落ち着ける雰囲気がステキですよね。素材も吟味されているし、比較的リーズナブルな値段で本格的な味が楽しめるのも魅力です。お店のスタッフの対応も心地良いのが良いですね。

お店に求めるもの
料理についてはセミプロともいえるため、外食ならではの満足がほしい。
素材へのこだわりや、サービスなど、「さすがプロ！」と唸らせるものが欲しいが、奇をてらったものは必要なさそう。家族のお店への満足度も大切。本人は少量多品目がうれしいが、量を求める夫や子供も満足できないといけない。

好きなお店の理由
real voice

●少量の品が数多く出される。メインは肉か魚からチョイス。デザート、飲み物まですべてついてくる。（女性 40-44歳　広島県 パート・アルバイト）●ファミレスの値段で、充実の料理。ママさんの手摘みの山菜や小鉢が二つくらいあって、コスパがすごくいい。大食いの夫も満足。（女性 50-54歳　神奈川県 専業主婦）●自家製の野菜などで作る創作料理がおいしい。（女性 50-54歳　広島県 専業主婦）

第2章 飲食店のためのマーケティング「街×ターゲット×シーン」 79

出現率 **12.4%**

タイプ **2**

酒は仕事と心の潤滑油
飲みニケーションミドルさん

飲酒：飲むことが好き。
誰と外食するか：職場の同僚や親しい関係の人と本音で語り合うのが好き。
情報：あまり関心がない。
コスト：抑えたい意識から安い店を選ぶ。

住宅ローン、子供の学費、冠婚葬祭…と何かと出費が多いので、金のかかる趣味は持たないようにしている。休みはのんびりしていたい。たまに会社帰りに居酒屋に立ち寄るが、ついつい グダグダと長居してしまいがち。会社に近いチェーン居酒屋や、道で呼び込みに促されてお店を決定。たくさん飲んでも、懐に優しいお値段であることがマスト。お酒や料理の種類が多く、そこそこ美味しければ文句なし。

空想　モデルプロフィール（東京ver.）

名前	酒本 進（サカモト ススム）	年齢	51歳
居住地	JR総武線船橋駅　一戸建て（持家）		
家族構成	妻（49歳）・娘（23歳）		
職業	大手メーカー子会社の社員（課長）	年収	650万
趣味	映画		
購読誌	たまに週刊現代を買う	車	日産 セレナ
よく行く街	妻に付き合わされて、幕張のアウトレットやIKEAに行く		
よく行く外食	新橋の居酒屋。赤い看板の店だった気がする		

Q なぜこちらのお店に？
A とにかく安い。安心して飲んで食べられる。料理もそこそこ旨いしね！会社からすぐ近くだし。

お店に求めるもの
何といっても価格の安さ。ビールがなんと〇円！などお得な（お酒の）キャンペーンにひかれる。とにかく心ゆくまで飲みたいので、宴会は当然飲み放題付き。もちろん生ビールも飲み放題メニューには入っていてほしいもの。お酒の進むメニューが種類豊富だと言うことなし。基本的に会社近くのお店しか選ばない。

好きなお店の理由 real voice

●とにかくビールが安い。年に何度かは50円になるため安く飲みたいときには重宝する。（男性　40-44歳　東京都　会社員）　●とにかく安い。安心して飲んで食べれる。料理も旨い。（男性　55-59歳　千葉県　自営業・自由業）　●安いし早いから。（男性　60-64歳　東京都　契約社員・派遣社員）　●勤務先の近くにあり気楽に行きやすい。（男性　60-64歳　北海道　パート・アルバイト）

出現率
13.9%

タイプ **3**

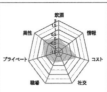

身の丈に合った生活を楽しむ
コスパ重視の堅実女子さん

飲酒：飲むのはわりと好きだが、たくさん飲みたいという欲求は少ない。
情報：お店選びはセンスが問われると思っている。お酒の銘柄などのうんちくには関心がない。
コスト：金額は全体的に控えめでコスト感覚がしっかりしている。
誰と外食するか：デートがメイン。記念日やお祝いのときに外食する割合が高い。
B級グルメやジャンクフードも好き。

お昼はお弁当を同僚と広げることも多い。外食やお酒も好きだが、外食する時は行ってからがっかりしたくないので、友人に相談したり、飲食サイトを見てじっくりかしこく選ぶ。決め手はお得情報。クーポンなどお得なサービスに弱い。お店からサプライズでワンドリンクサービス等されると一気に好感度が上がる。

空想　モデルプロフィール（東京ver.）

名前	堅実 丈身（ケンジツ タケミ）	年齢	29歳
居住地	京急本線雑色駅　UR賃貸マンション		
家族構成	夫（31歳）		
職業	都内中堅メーカーの派遣社員	年収	350万
趣味	旅行と読書（まんが）。旅行のパンフ集めももはや趣味		
購読誌	特集を見て決める。レタスクラブやwith	車	旦那が独身時代から乗っているスズキワゴンR
よく行く街	川崎。週末は結局ラゾーナにいくことが多い		
よく行く外食	ラゾーナか第一京浜沿いのファミレス		

Q よく行くお店はどこですか？
A 結局無難にファミレスを選びがち。お互いが好きなメニューもあるし、デザートも豊富だし、味もサービスもまず間違いないですからね。

🍴 お店に求めるもの
コストパフォーマンスの良さ。ただし予算が低いので、それなりの内容（質）で構わない。お得なコース（プラン）やワンドリンクサービス、ちょっとしたサービス（小菓子や少しこだわったお茶など）があると嬉しい。スタンプカードやポイントに弱い。

好きなお店の理由
real voice
●自家製ウーロン茶が0円でお代わり自由だったのがよかった。（女性　35-39歳　東京都　専業主婦）●串焼き1本80円位なので、ふらっと行ける。また、携帯クーポンでドリンクが1杯無料になることもあり、ちょっとお得感がある。（女性　30-34歳　静岡県　公務員・教職員）

第2章 飲食店のためのマーケティング「街×ターゲット×シーン」 81

出現率
7.9%

タイプ **4**

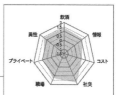

すべての項目で、全体値よりもスコアが高い。

情報＆社交：人気店に仲間と行くこと自体が話題となる傾向。おいしければ高いものも食べたいが、色々と行くのでコストも気になる。

流行りの店には行っとかないと！
今週末もミー★ハーお出かけさん

流行しているものは、あれもこれも気になる若者。フットワーク軽く友達と流行の場所に出かける。自然と外食も友人とが多くなるが、ファミレスやファーストフードからは卒業した感があり、お酒も飲める居酒屋へ。情報源はテレビ番組やCMなどマスメディア中心。飲食店を探す時は、店名で検索するタイプ。自分で情報を取捨選択するよりも、料理でもサービスでも何でも、話題になっていることが大切。クーポンやお得情報があれば、来店の後押しにはなりそう。

空想 モデルプロフィール（東京ver.）

名前	好田 流行（コウダ ナガレ）	年齢	24歳
居住地	田園都市線三軒茶屋駅　マンション（持家）		
家族構成	父（51歳）、母（48歳）、妹（17歳）		
職業	不動産中堅仲介チェーンの営業	年収	350万
趣味	フットサル・ラーメン	車	なし 遠出の時はレンタカー
購読誌	少年マガジン、ビッグコミックスピリッツ、週刊プレイボーイあたりを立ち読み。		
よく行く街	渋谷。服はビームスでよく買う。ドライブがてらアウトレットにも行く。		
よく行く外食	TVで見た行列のできるラーメン屋にフットサルの仲間と。外食はほぼ毎日。		

Q なぜこちらのお店に？

A 今話題のお店なんですよ。昨日テレビでやってたんで、2時間待ちなんです。話題のお店には、とりあえず行っとかないとですよ。

お店に求めるもの
テレビなどで取り上げられ、流行っているお店に行きたい。結果として、新しい料理やサービスを提供しているお店に行くことになる。お出かけの機会が多く、お金を使うシーンがたくさんあるので、メリハリ消費が必要。普段使いのお店には、安くて、そこそこ美味しくて、おしゃべりが楽しめるお店を選ぶ。お得なクーポンや時間が長めのプランなどがうれしい。

好きなお店の理由 real voice　●地元じゃ有名。(男性 35-39歳 愛知県 会社員)　●丸ビルだし、堅すぎない。(女性 25-29歳 千葉県 会社員)

出現率 **13.3%**

タイプ **5**

ライフスタイルリッチ層

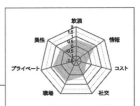

コスト因子以外は軒並みスコアが高い。
飲酒：お酒は楽しく開放的になれる。ついつい飲み過ぎてしまう。
情報：「作る」・「食べる」・「お店情報」と広く関心が高く、人からグルメと言われることも多い。
コスト：あまり気にせず、多少高くても美味しければよし。
誰と外食するか：さまざまな人・機会で飲食する。

食はもちろん生活全般にこだわりを持つ人。仕事も遊びもアクティブで、趣味も多く、ファッションへの感度も高い。一緒に食事をする相手も、仕事の仲間から交際相手までさまざま。情報も積極的に収集しており、安い店から高級店までシーンに合わせて使い分けている。お店のこだわりが伝わる食材やお酒の取り揃え、シーンに合ったサービスが提供されると嬉しい。幅広い年代にみられるタイプだが、年代によって消費行動の違いがみられたため、4つの年代に細分化し、分析した。

プロフィール

男女比
男性 44.8%　女性 55.2%

年齢
平均年齢 …… 42.9 歳（42.0 歳）

《性×年代構成》
45～64歳男性 27.1%（22.2%）
20　25　30　35　40　45　50　55　60　65（歳）
6.5%　7.5%　7.5%　6.0%　5.6%　5.6%　7.1%　4.2%　5.2%
20～34歳女性 21.5%（16.7%）

ライフスタイル

ファッション感度
服装やファッションは自分を表現するひとつの手段だと思う	67.5%（47.0%）
一生楽しめそうな趣味を持ちたいと思う	63.1%（47.1%）
人前に出る時はその場にあった服装やファッションを選ぶ	62.5%（40.4%）
賃貸より持家の方が良いと思う	43.8%（32.5%）
服やファッションは組合せ・コーディネートを重視して買うことが多い	44.8%（26.9%）
休日に時間があると外出したい方だ	39.6%（24.3%）
料理を作ることが好きだ	35.8%（24.5%）

アウトレットモールや、デパートの紳士服・婦人服コーナー、デパートのブランド店舗、セレクトショップでの衣料品の購入が多い

趣味
平均回答個数 9.4（全体 6.9）
※最も多趣味な層

旅行（国内）	74.8%（57.4%）
グルメ食べ歩き	61.5%（37.9%）
映画鑑賞	52.7%（38.2%）
旅行（海外）	41.7%（27.0%）
ショッピング	36.7%（21.9%）
料理	27.5%（16.1%）

外出機会
「食事」、「趣味」、「交流」のお出かけ機会が多い

その他
《自動車のタイプ》
ステーションワゴン ……………………………………… 15.1%（11.4%）
《住居の形態》
マンション（持家）………………………………………… 20.8%（16.7%）

第2章 飲食店のためのマーケティング「街×ターゲット×シーン」 83

※文中の(○○.○%)や(¥○,○○○)は、全タイプの平均値を表します。 ※文中の青字は全タイプの平均値に比べて低いものを表します。

4つの世代に細分化すると

年代別考察 下記の項目については年代が低い方が割合が高い

- 飲食の頻度 ●「友人・知人と趣味・娯楽・世間話をする」 ●「交際相手との大切な時間を過ごすため外食する」
- 「交際相手と一緒に行く」 ●「皆と一緒にわいわい騒ぐ」 ●「カクテルやノンアルコールドリンクを頼む」

タイプ 5-1 <20～34歳>

あふれる情報から自分にぴったり！をかぎ分ける
情報セレクトネイティブさん

タイプ 5-2 <35～44歳>

高級店からB級グルメまでシーンに合わせたMy基準
検索上手なグル目利きさん

タイプ 5-3 <45～54歳>

人生をタフに楽しむ
バブルの申し子**自己表現消費**さん

タイプ 5-4 <55～64歳>

家のローンも子育ても、ひと段落で趣味解禁
競争社会から解放された**OLD BOY**さん

タイプ **5-1** ライフスタイルリッチ層 <20〜34歳>

出現率 **4.1%**
ライフスタイルリッチ層中 31.0%

あふれる情報から自分にぴったり！をかぎ分ける
情報セレクトネイティブさん

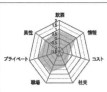

<ライフスタイルリッチ層の中で特に高い特徴>
・交際相手との大切な時間を過ごすため外食する。
・インターネットや情報誌でお店を選んで行く。
・予定外の出費はできるだけ抑えたいと思う。

食もファッションも遊びもどれも大切！デート・合コン・女子会それぞれのシーンに合った雰囲気やお料理があるお店を選びます。グルメサイトや情報誌で、店内写真や口コミもチェックです。

空想 モデルプロフィール（東京ver.）

名前	勘田 愛（カンダ アイ）	年齢	28歳
居住地	東急東横線中目黒駅 ワンルームマンション（賃貸）		
家族構成	独身 一人暮らし		
職業	ネット関連企業の事務系スタッフ職	年収	400万
趣味	ネイル。最近ジェルのキットを買った。あとはランニング。来年は東京マラソンに出てみたい。		
購読誌	SPUR	車	なし
よく行く街	代官山。最近は蔦屋書店がお気に入り。		
よく行く外食	デートなら、目黒川沿いのカフェとか。仕事帰りには居酒屋も結構行きますよ。		

時代背景
物心がついた頃にはPCやケータイが身の回りにあった世代。バブルがはじけた中で思春期を過ごし、将来へ漠然とした不安を抱えている。広く浅い人とのつながりを持ち、不安を癒すための共感を大切にする様子が見られる。各種サイトやSNS等、情報ツールを自然にうまく使いこなすことが特徴。

お店に求めるもの
若いため自由になるお金が少ない。そのため、リピーター割引などがあると嬉しい。また、外食へかける期待も大きいため、料理はもちろん、店の雰囲気（おしゃれ感）、サプライズサービス等、あらゆるものへの要望が高い（ただし、まだ舌も見る目はそれほど鍛えられていない）

好きなお店の理由 real voice

●フランス・東京の有名店で修業した本格派のシェフが作る料理が絶品。（男性 20-24歳 青森県 会社員）●京野菜料理のお店で、素材はもちろんのこと料理が美味しい。こだわりがあるのが伺えるし、お店も選んでなくてゆっくり楽しめる。（女性 25-29歳 大阪府 公務員・教職員）●お皿や椅子・テーブルなどもナチュラルでかわいい。同僚だけでなく気軽に紹介してもはずかしくない大人カジュアル。（女性 25-29歳 長崎県 専業主婦）

第2章　飲食店のためのマーケティング「街×ターゲット×シーン」　85

出現率 **2.6%**
ライフスタイルリッチ層中 19.8%

タイプ **5-2**　ライフスタイルリッチ層 <35~34歳>

高級店からB級グルメまで　シーンに合わせたMy基準
検索上手なグル目利きさん

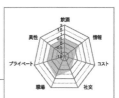

<ライフスタイルリッチ層の中で特に高い特徴>
・お酒を飲む場ではお酒を飲むこと自体が楽しみ。ついつい飲みすぎてしまう
・B級グルメやジャンクフードが好きだ
・インターネットや情報誌でお店を選んで行く
・美味しい食事やお酒を求めて食べ歩きをする
<ライフスタイルリッチ層の中で特に低い特徴>
・予定外の出費はできるだけ抑えたいと思う

日ごろからグルメ情報はいろいろ見ています。多少高くても、コストパフォーマンスが良ければ満足です。高級店に行けばいいというわけではなくて、TPOに合わせて相応しいと思えるお店を選びたいです。

空想　モデルプロフィール（東京ver.）

名前	愛葡 桑貴子（アイブ サキコ）	年齢	35歳
居住地	JR山手線田町駅　2LDKマンションを3年前に購入		
家族構成	夫（37歳）　DINKS	年収	600万
職業	大手システム会社（渋谷本社）のチームリーダー		
趣味	ワイン・ホットヨガ・ピラティス・最近は料理も		
購読誌	ELLE á table	車	日産　ムラーノ
よく行く街	日比谷、有楽町界わい		
よく行く外食	新宿町あたりのカジュアルにワインが飲める店が最近のお気に入り		

時代背景
バブル景気とその崩壊を目の当たりにし、バブル世代をうらやましさ半分、クールに見ながら、適度にトレンドを取り入れるなど、自分らしい価値判断を培ってきた世代。手堅く堅実な消費傾向もみられ、情報を自分なりの基準で比較検討することに長けている。

お店に求めるもの
外食経験を積み、飲食店を評価する基準ができてきている。あらゆるものが平均点以上というよりも、どこかに突出した特徴がある方がよい。価格に対しては客観的な妥当性を求める。

好きなお店の理由　real voice

●付け汁がオーガニック素材で作られていて、こくがあり美味しい、麺の盛りが良い。(男性　40-44歳　千葉県　自営業・自由業)　●一人あたりの会費を言えばそれに見合った料理とお酒を出してくれるから。しかも美味しい。(女性35-39歳　青森県　公務員・教職員)

出現率 **3.6%**
ライフスタイルリッチ層中 26.9%

タイプ **5-3** ライフスタイルリッチ層 <45~54歳>

人生をタフに楽しむ
バブルの申し子 自己表現消費さん

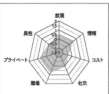

<ライフスタイルリッチ層の中で特に低い特徴>
交際相手と一緒に行く

まぁ、いわゆるバブル世代だよね。結構いい(高い)レストランにも行ってた。味覚はあの頃鍛えられたかな。最近のいい店もおさえてるよ。素材とかにこだわりのある店がいいよね。「なかなか手に入らない魚ですよ」とか言われると、つい頼んじゃう。お酒はけっこう銘柄が定まってきたかな。飲みたいお酒がある店じゃないとね。

空想 モデルプロフィール（東京ver.）

名前	泡野 豊（アワノ ユタカ）	年齢	48歳
居住地	東急東横線学芸大学駅　マンション（持家）		
家族構成	妻（45歳）専業主婦、娘（14歳）		
職業	大手広告代理店の本社勤務、役職部長	年収	1000万
趣味	ゴルフ。家族でハワイ		
購読紙	BRUTUS、おとなの週末	車	BMW5シリーズセダン
よく行く街	有楽町・銀座・六本木		
よく行く外食	ワイン好きに知られる銀座のビストロ。昔と比べて減ったけど接待もボチボチ		

時代背景

いわゆるバブル世代。右肩上がりの景気の中、誰もが知っている「流行」「王道」ブランドを「少しでも早く」手に入れるためについつい背伸びしてお金を使ってきた。「限定モノ」「レアモノ」などの希少性をウリにした商品にも強く惹かれる。消費することで得た知識や経験からウンチクを語るのも好き。若い頃覚えた消費の楽しさは今も変わらない。

🍴 お店に求めるもの
お酒も食材も店の内装も、何か他と違っていて、自分らしさを表現できるこだわり要素がほしい。(ハタからは、結局王道・定番に魅力を感じているように見える)

好きなお店の理由
real voice

●すし屋でシャリの味が合うしつまみも充実している。値段も高くないので行きやすい。(男性　50-54歳　岡山県　自営業・自由業)　●ウィスキーとチョコレートのマリアージュが楽しめる。(男性　50-54歳　愛知県　会社員)　●普通の民家の二階です。外からはバーとはわかりません。玄関灯が灯っていれば営業してます。中には、無愛想なマスターがいます。料理はすべてオーガニックです。(男性　50-54歳　愛知県　会社員)

第2章 飲食店のためのマーケティング「街×ターゲット×シーン」

出現率 3.0%
ライフスタイルリッチ層中22.3%

タイプ 5-4 ライフスタイルリッチ層 <55〜64歳>

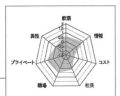

家のローンも子育ても、ひと段落で趣味解禁
競争社会から解放された **OLD BOY** さん

<ライフスタイルリッチ層の中で特に高い特徴>
・お酒の銘柄にはこだわる方だ
・常連の店、なじみの店がある

<ライフスタイルリッチ層の中で特に低い特徴>
・交際相手との大切な時間を過ごすため外食する
・皆と一緒にワイワイ騒ぐ
・カクテルやノンアルコールドリンクを頼む
・インターネットや情報誌でお店を選んで行く

子供達も独立したので、最近は旅行やらゴルフやら楽しんでいます。「グルメ」と言われる程ではないと思いますけど。食べたい料理によって行く店はだいたい決まっています。めずらしい銘柄のお酒があったりと、興味をひかれたら新しいお店にも行くかもしれませんが、なじみの店で落ち着いて酒を飲むのがいいですね。

空想 モデルプロフィール（東京ver.）

名前	定年 悠自（サダトシ ユウジ）	年齢	61歳
居住地	都営浅草線馬込駅　一戸建て（持家）		
家族構成	妻（55歳）専業主婦、娘（30歳）⇒結婚　息子（26歳）		
職業	電機メーカーを60歳でリタイア	年収	※住宅ローンは退職金で完済、預貯金は十分に
趣味	旅行・トレッキング		
購読誌	サライ、歴史街道、ゴルフダイジェスト	車	トヨタ クラウンハイブリッド
よく行く街	銀座・日本橋が落ち着く。日本橋三越に行くことが多い。		
よく行く外食	日本橋の老舗鰻屋。妻と月一くらいのペースで通う		

時代背景
10代に高度経済成長を経験。音楽ではロックやフォークソング、ファッションではアイビーやミニスカートといった60〜70年代の若者文化を築いてきた世代。長いこと子育て優先の生活を送ってきたが、リタイヤ目前となって、ようやく趣味など自分のための消費ができるようになってきた。若い頃に興味のあった趣味を復活させる人も多い。

お店に求めるもの
素材・味へのこだわりがある店。好みの味を提供してくれる店。サービスにもちょっとうるさい。なじみの店があるため、あまり新規開拓はしないが、孫や子供との外食シーンは、新しい店の魅力に気づかせる良い機会。

好きなお店の理由
real voice

●伊賀牛のすき焼き専門店。肉質、上品な味わい、霜降りの美しさなど松阪牛を凌ぐちょっと控えめなブランド牛。（男性　55-59歳　三重県　自営業・自由業）　●中華だが珍しい湖南料理を出す。それも大皿でないところが洒落た感じである。（男性　60-64歳　東京都　会社員）　●ソムリエ達と気取らずに会話を楽しみながら、落ち着いて、料理とお酒が楽しめる。（男性　60-64歳　愛知県　会社役員・団体役員）

出現率 **14.4%**

タイプ **6**

空腹を満たせればそれでいい
食事＝生命維持さん
（イコール）

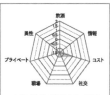

コスト：予定外の出費をなるべく抑えたいので、行くとしたらなるべく安い店に行きたい。
外食には基本的に興味なく、お酒の席はなるべく避けたい。

家にいることが多く、特に必要がなければ外食はしない。テレビをつけるぐらいで特に情報は収集していない。宴会など大人数の酒の席は苦手で、なるべく参加しないですませたいと思っている。たまに行く家族との外食では、サラダバーなどがあってコスパが高いので近所のファミレスに行く。値段が安く、大盛りや食べ放題があるお店にひかれる。

空想　モデルプロフィール（東京ver.）

名前	巣籠 一人（スゴモリ ヒトリ）	年齢	31歳
居住地	地下鉄東西線浦安駅　アパート（賃貸）		
家族構成	独身　一人暮らし		
職業	自分のやりたいことと違うと思い、最近会社を辞めた。今はアルバイトをしながら自分探し。		
趣味	ゲーム	年収	250万
購読誌	特になし	車	持っていない
よく行く街	浦安からめったに出ない。		
よく行く外食	浦安駅前の西友でお弁当を買う。298円と安くておいしい		

Q そのお弁当をなぜ選んだのですか？
A 割引券を持ってたんです。あと、お味噌汁が付くんですよね。抵抗なく入れるお店ですし。

お店に求めるもの

安さと美味しさとボリュームがマスト。野菜がとれたりするとポイントが高い。ドリンクやサラダのバイキングは嬉しいコンテンツ。あまり外食をしないので、お店の入り易さや、食べている時に周りが気にならないようなお店であることも大切。

好きなお店の理由
real voice

●揚げたて、割引券。（男性　30-34歳　神奈川県　無職）　●ごはんのおかわりが自由だから。（男性　35-39歳　愛知県　自営業・自由業）　●気楽に入れる。味噌汁が付くのがいい。（男性　20-24歳　埼玉県　パート・アルバイト）　●一人が、目立たない。（女性　60-64歳　静岡県　専業主婦）

第2章 飲食店のためのマーケティング「街×ターゲット×シーン」 89

出現率 10.0%

タイプ 7

仕事も家庭も地域密着
定番リピートな **地元イパパ**(ジモティ)さん

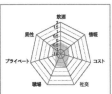

飲酒：あまり関心はない。
誰と外食するか：接待など必要な場には出るが、プライベートでは少ない。
コスト：金銭的には余裕があるのでコスト意識は高くない。

飲食に対する関心は基本的に薄い。接待などの気遣いする場、上司や年長者との同席にも抵抗はない。

持家の自宅から仕事の現場に車で出勤。特にこれといった趣味はないが、地元の付き合いやイベント手伝いは結構多い。外食は人並みにするが、お店選びにはあまり関心がない。外食といえば家族との食事が多く、家族それぞれが食べたいメニューがあってお腹がふくれるお店を選ぶ。いつも近くの同じお店に行きがち。

空想 モデルプロフィール（東京ver.）

名前	地元 良造（ジモト ヨシゾウ）	年齢	50歳
居住地	都営地下鉄浅草線蔵前駅 親の代から住んでいる一戸建て（持家）		
家族構成	母（75歳）・父（78歳）・妻（48歳）・息子（20歳）		
職業	自営業	年収	800万
趣味	スポーツ観戦（野球や相撲）とカラオケ		
購読誌	会社で購読している業界専門誌	車	ホンダ ステップワゴン（半分社用）
よく行く街	近いので、上野や浅草に。		
よく行く外食	河川敷の野球場で練習した後で、ファミレスに子供達を連れてよく行きます		

Q なぜこちらのお店を選んだのですか？
A 子供達が好きなものがなんでもあるからね。美味しいし、お腹もいっぱいになるよ。

🍴 **お店に求めるもの**
まず、みんなが好きなメニューがあることが大事。そしてお腹がいっぱいになること。味はそこそこ美味しければ満足。個室や仕切り、子供向けのスペースなどがあり、ゆったりとした雰囲気で食事ができると嬉しい。

好きなお店の理由
real voice

●各世代にフィットするメニューがあるので。(男性 45-49歳 北海道 公務員・教職員) ●好き嫌いが多い家族でも安心できる。(男性 50-64歳 大阪府 会社員) ●気軽で腹いっぱい。(男性 55-59歳 神奈川県 会社員) ●家の近くにあり家族が好きでよく行きます。安くて新鮮。(男性 60-64歳 東京都 会社員)

出現率 **17.2%**

タイプ **8**

必死になるのはカッコ悪い
自然体リスペクトの**マイワールド**くん

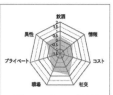

全体的にスコアが高いのは、「どちらともいえない」を選ぶ割合が高いため。
飲酒：お酒には(も)さほど興味はない。
情報：飲食店の選び方でセンスが問われるとは思っていないし、情報に関してもあまり関心がない。
誰と外食するか：接待や合コン、仕事仲間との飲食がやや多い。気遣いの必要な場への出席もさほど苦痛でない。一人での外食率も高い。

趣味らしい趣味や主義主張もあまり見せないので、周りから見ると、個性がないようにも見える。ただ、付き合いは悪くなく、声を掛ければついてくる。外食の頻度は高い。お店選びは基本的に人任せ&その場のノリで、特にこだわりはない。自分で選ばなければいけない時は、適当にサイトで調べる、という感じ。サービスよりも、検索上位、誰からも嫌がられない無難さ、自分好みの雰囲気、気軽さが大事。

空想　モデルプロフィール（東京ver.）

名前	毛岩井 新人（ケーワイ アラト）	年齢	24歳
居住地	JR山手線五反田駅　ワンルームマンション（賃貸）		
家族構成	社会人になって一人暮らしを始めた		
職業	IT系大手の正社員（入社2年目）	年収	350万
趣味	特にない		
購読誌	日経○○とか、○○経済とか、特集によって	車	なし。必要な時はレンタカー
よく行く街	新宿や渋谷で集まることが多い		
よく行く外食	特によく行く店はなく、その時に応じて。強いていえばスタバ。		

Q 今日はどういった飲み会なんですか？
A あ、別に、なんか誘われて。たいていココらの居酒屋で飲んでますね。何かその場の雰囲気で、ココにしよっか的な。誰かが決めてくれたらそれでいいですね。別にそんなこだわるところじゃないんで。

🍴 **お店に求めるもの**
大勢で行く時は「無難な」店であること。そして選んだ理由にコスパや明確な特徴など分かりやすく合理的な説明ができることが必要。店を選んだ理由が本人のこだわりのように見えてしまうのは避けたい。場を盛り上げてくれるようなサポートがあっても楽でありがたい。

好きなお店の理由
real voice

●その場で合わせるので。(男性 20-24歳 群馬県 学生)　●気兼ねなく出来るため。(男性 35-39歳 愛媛県 会社員)　●店舗が多い。(女性 30-34歳 大阪府 会社員)

2▶2▶8 これからの消費、カルチャーに影響を与える
「ミレニアル世代」「ジェネレーションZ」

　ミレニアル世代は、アメリカで2000年代に成人を迎えた**1980年代～2000年代初頭に生まれた世代**を指し、それまでの世代とは価値観やライフスタイルなどに隔たりがあるとされることから、数年前より注目されてきた。

　全世界的には、2020年には労働人口の1/3をこの世代が占めると言われている。日本でもこの世代はそれまでの世代とは異なった特徴を持っており、注目が集まっている。

　ミレニアル世代の特徴を大まかにあげると以下のとおり。

■**デジタルネイティブ世代**……幼少期からパソコン、ゲーム、物心ついたときにはスマホが存在。
■**ネットリテラシーが高く、情報検索能力が高い**……インターネット、テクノロジーに対する親和性が高く、情報収集も早い。相談よりも先にインターネット上で調べるなど、他世代の常識とは異なる行動も見られる。
■**多様なメディアを使い分け、マスメディアは使わない**……マスメディアよりも、Twitter、facebook、instagram、LINEなどSNSを日常的に活用し、特性やコミュニティによって使い分ける。ニュースもスマホで閲覧できるニュースアプリや動画サイトを活用。
■**高級よりもシンプル、コスパ、タイパ**……本質的な機能に優れたシンプルなもの、コストパフォーマンスや時間効率（タイムパフォーマンス）に優れているといった価値を重視する傾向があり、ファストファッション、テイクアウトやデリバリーなどを好む傾向がある。
■**ダイバシティ、個性の尊重**……人種や職業、考え方や嗜好の多様性を尊重し、個性的であることに魅力、人と違うことがクール、を感じる傾向。
■**社会的正義**……環境問題や地域活性、安全、健康など、消費行動あるいは商品そのものが「地球市民として正しい活動であるか？」という問題意識が高い傾向。

　まとめると、テクノロジーを使いこなし、物質的な豊かさよりも、つなが

りや共感、影響力、社会的な正しさなどを重んじ、合理的でパーソナルな行動をとることが特徴に思える。

　こうした価値観は、全世代においてもその傾向が近年高まっているが、より特徴的にもっているのがこのミレニアル世代であり、さらにその下の世代である「ジェネレーションＺ」（1995年〜生まれ）においてはさらに特徴的だと言われる。

　アメリカでは、既にこの世代の市場影響力が強く生じていると指摘されているが、日本においては、団塊世代、団塊ジュニア世代の人口ボリュームゾーン、消費意欲の高いバブル世代の存在感が市場ではまだまだ強いため、顕著な影響はまだこれから。しかしながらこのムーブメントは世界的なものと考えられ、日本でもこれから影響が強く出てくることが想定される。

　ミレニアル世代、ジェネレーションＺについて、すでに多くの研究論文や記事がＷＥＢ上で公開されており、マーケティング、マーチャンダイズ、商品企画などの業務に携われている方は特に、研究されることをお勧めしたい。

若い世代からの全世代への影響

「外食する人びと図鑑」で登場する11のタイプは、性年代では分けておらず、性別や世代を超えた価値観を表しているが、全11タイプの中でも若い世代の出現率が高い5-1「情報セレクトネイティブ」、8「マイワールド」には、こうしたミレニアル世代に特徴的な価値観の傾向が見られると思われ、また徐々に各世代に浸透してくると思われる。

　こうした消費における価値観の変遷については、続く第3章にて詳しく述べていきたい。

第2章 飲食店のためのマーケティング「街×ターゲット×シーン」 93

2▶3 「シーン」=“一人十色”の外食機会
──目的や同行者によって変わる店選び

2▶3▶1 一人十色の外食機会

「十人十色」は人それぞれという解釈だが、「一人十色」というのは、**一人のパーソナリティが多様な機会を持っている**ということだ。

一人の人間が持っている外食機会は「ハレ」～「ケ」まで様々で、人によって機会の種類や数、その際のこだわり度合いに差がある。

この外食の機会のことを「シーン」と呼ぶ。

① 街 ②ターゲット に続く飲食店マーケティングの基本の3つ目は、③「シーン」である。

「シーン」とは、飲食店を利用する「機会」や「場」を意味しており、「目的」や「同行者」、「店選び」や「予算」がシーンによって異なる。冠婚葬祭から、社用の接待、普段の食事……「ハレ」～「ケ」まで数多くのシーンを消費者一人一人がもっていることから「一人十色」と言えるのである。

例えば、前述の「堅実女子さん」が、いつも予算控えめな外食しかしないのではなく、彼女にとって「ハレ」の場、例えば彼女の誕生日や、友人や親族のお祝いなど、「ここぞ」という時には思い切って贅沢をする──そんなシーンを必ず持っているものだ。

この「シーン」は**図表2-6**のように整理することができる。オフィシャルとプライベートという概念があり、それぞれが行事、非行事に分けられる。皆様が持っているシーンを当てはめていただければ現実感がわくと思う。

第1章でみた外食市場調査では、この「シーン」ごとの回数を調査しているが、「シーン」別の外食回数の平均では「プライベート」の「非行事」が圧倒的に多い（**図表2-7**）。

「一人十色」であるから、人によってさまざまな「シーン」の持ち方と回数があるわけで、これを2▼2「ターゲット」で述べた「11のタイプ」で考えてみると……、

5-3**「自己表現消費」さん**は仕事の付き合いも多いため「オフィシャル」「行事」が多い。

図表 2-6 「シーン」の分類

オフィシャル・行事	仕事・組織・地域など所属している団体やコミュニティで行われるもののうち、行事的なもの ※接待、忘新年会、仕事関連のパーティ、町内会の集まり、子供の学校関連の集まりなど
オフィシャル・非行事	仕事・組織・地域など所属している団体やコミュニティで行われるもののうち、行事以外 ※同僚との外食、軽い打ち上げ的な集まりなど、日常的な外食で、自分の意志で決められるもの
プライベート・行事	プライベート(家族・親族、友人・知人、恋人)で行われるもののうち、行事的なもの ※結婚式、法事、各種記念日やお祝いの席、同窓会・OB会、合コン、趣味・習い事の集まりなど
プライベート・非行事	プライベート(家族・親族、友人・知人、恋人)で行われるもののうち、行事以外 ※家族の外食、ふだんのデート、知人・友人との外食など、日常的に行われるもの

図表 2-7 「シーン」別の外食平均回数

ホットペッパーグルメ外食総研「外食市場調査」2017 年度

	調査結果 外食単位集計			推計結果			
	構成比 (%) 〈G〉	外食単価 (円/回) 〈H〉	前年度比	延べ外食回数 (万回) 年間推計	前年度比	外食市場規模 (億円) 〈I〉*〈H〉	前年度比
3圏域計 2017年度・年間	100.0 %	2,583 円	101.8%	157,767 万回	102.1%	40,752 億円	104.0%
シーン別 オフィシャル・行事	6.5 %	4,481 円	104.2%	10,306 万回	102.4%	4,618 億円	106.7%
オフィシャル・非行事	9.4 %	3,763 円	104.2%	14,843 万回	100.9%	5,586 億円	105.2%
プライベート・行事	8.0 %	3,887 円	103.8%	12,548 万回	97.5%	4,877 億円	101.1%
プライベート・非行事	76.1 %	2,143 円	101.0%	120,070 万回	102.8%	25,729 億円	103.8%

※年間の延べ外食回数の推計値に、外食単位集計の構成比を乗じて、各分類の外食回数を推計
　各分類の外食回数に、各分類の外食単価を乗じて、各分類の外食市場規模を推計
　各分類の外食市場規模の合計は、有効桁数の関係で、年間の外食市場規模と完全には合致しない

　4　「今週末もミー☆ハーお出かけ」さんは、「プライベート」「行事」が多い。などの傾向がある。

　また「シーン」は街によっても傾向が異なり、第1章で見た外食市場調査では「タウン」ごとに「シーン」を集計している。

　例えば、東京では銀座や六本木、大阪の梅田・北新地などは「オフィシャ

ル」「行事」が多い。

　東京の恵比寿・中目黒、渋谷、大阪の心斎橋、名古屋の栄周辺などでは「プライベート」「非行事」が多い。

　など、タウンによって「シーン」別の外食実施回数に大きな違いがあることがわかる。

　消費者1人1人にさまざまな外食機会があり＝「一人十色」、それは人のタイプによって傾向が異なる。そして街によっても「シーン」の傾向が異なる。

　外食マーケティングにおいては、こうした「人のタイプ」「シーン」、そして街による傾向を分析的に見ることが非常に重要である。
「この辺のエリアはこんな感じ」という感覚値だけでなく、①街　②ターゲット　③シーンの3要素で見たうえで、さらに実地で視察して確認することをぜひお勧めしたい。

2▶3▶2　「街×ターゲット×シーン」≒ STPマーケティング

　①街、②ターゲット、③シーンと順にみてきたが、この3つを明確に定めることが、飲食店のマーケティングの基本であり、そこから「何を強みにして勝つのか？」という競争戦略が生まれてくる。

図表 2-8　飲食店の「マーケティングの基本」

念のため申し添えておくと、**「何をするか？」は戦略論**であり、**「どうやってやるか？」は戦術論**である。

何を強みに戦うのかという「戦略」が不明確なまま、例えば広告宣伝費にお金をかけるか？という「戦術」を議論することは不毛であり、失敗確率も上がってくるというものだ。

この「街×ターゲット×シーン」は飲食店の戦略策定の定石であるが、それはマーケティングの世界でいう「STPマーケティング」に非常に近い。

「街×ターゲット×シーン」≒「STPマーケティング」

STPマーケティング（ウィキペディアより）

STPマーケティングとは、効果的に市場を開拓するためのマーケティング手法のこと。マーケティングの目的である、自社が誰に対してどのような価値を提供するのかを明確にするための要素、「セグメンテーション」「ターゲティング」「ポジショニング」の3つの頭文字をとっている。フィリップ・コトラーの提唱した、マーケティングの代表的な手法の一つ。

セグメンテーション（segmentation、セグメント化）：市場における顧客のニーズごとにグループ化する、市場をセグメントする。さまざまな角度から市場調査し、ユーザ層、購買層といった形であぶり出し、明確化していく。簡単に言うと切り口という意味。

ターゲティング（targeting、ターゲット選定）：セグメント化した結果、競争優位を得られる可能性が高い、自社の参入すべき市場セグメントを選定する。選定には、複数のセグメンテーション軸を組み合わせて行なうことが一般的である。その際には、ターゲットの経済的価値（市場規模、成長性）やニーズを分析することが重要である。

ポジショニング（positioning）：顧客に対するベネフィット（利益）を検討する。自らのポジションを確立する。そのためには、顧客のニーズを満たし、機能やコスト面での独自性が受け入れられるかがポイントとなる。

第２章　飲食店のためのマーケティング「街×ターゲット×シーン」　97

　マーケティング用語として解説するとなんとも小難しいが、「街×ターゲット×シーン」も「STPマーケティング」も目指すところは同じ。**競争環境を明確にし、ターゲットを定めて、店の強みに注力する**ということである。
　「街×ターゲット×シーン」も「STPマーケティング」も飲食店の競争戦略を考えるために必須かつ非常に有効なものと考えているが、講演等でこうしたお話をした際に、「まぁ、理屈としてはわかるんだけど、そういう考え方をちゃんとやっている飲食店ってあるの？」といったご質問をいただくことが意外にある。
　ここで非常に参考になる事例をいくつか紹介したい。

2▶3▶3　考え方＝マーケティング戦略で勝つ！　飲食店の成功事例

〈事例〉普段使いの名店に学ぶ──マーケティングで大手に勝った地場チェーン居酒屋

図表 2-9　STPマーケティングを実践

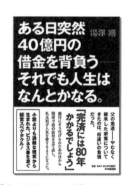

「ある日突然40億円の
借金を背負う－それでも
人生はなんとかなる。」
湯澤　剛著
PHP研究所

〈セグメンテーション〉
　中高年男性客の日常使いの居酒屋（3000円）

〈ターゲット〉
　山本さん　○○電機勤務　55歳　部長
　いつも２〜３人で来店
　刺し盛、冷奴、鶏竜田揚げ
　１杯目はビール、その後は芋焼酎

〈ポジショニング〉
地域一番店でなくても
魚がおいしくて、いつでも安心して何度も利用してくれる店

　まぐろとアボカドのミルフィーユ仕立て
　鎌倉野菜の彩サラダ

　まぐろブツ
　もつ煮込み
　だし巻き卵

　2015年に出版された外食に関する書籍の中で、恐らくはNO.1の部数を記録した同書は、株式会社湯佐和という神奈川県内で居酒屋を中心に展開する

企業の、企業再生ストーリーである。

　創業社長の急逝にともない事業を引き継いだ現社長が、就任後に判明した40億に及ぶ負債を、不採算店舗の整理、提供メニューの見直し、従業員の新陳代謝 etc. 筆舌に尽くしがたい苦労の後に見事返済、企業再生に成功する実話が生々しく描かれている。

　同書の中で、基幹となる居酒屋の改革に向かう一説がある。

　自分はこの店を絶対に成功させたかった。大手チェーンを含む競合他社と自分の店を熱心に比べては、「ここが弱い、ここが足りない。これが必要だ！」と店の弱い点に注目し、そこを改善してきた。売り上げを上げるために、他にあってうちにないものを補い、お客様の間口をできるだけ広くしようとしてきた。その結果、誰をターゲットにした店かわからなくなっていた。かくして“誰にとっても居心地のよくない店”の完成である。（中略）

　女性客、若者客、ファミリー客を追いかけるのを潔く辞め、以前のように〈中高齢男性の日常使い〉に自社のターゲットを定めた。早い話が、勝てる土俵で戦うのだ。そこに資源を集中する。もう絶対にぶれない――と決めたのだ。「湯佐和」が再生できた最大の理由は、間違いなくこのポジショニングの修正にあった。（中略）

　メイン顧客を明確化し、その人が喜びそうな店をつくるのだ。
「山本さん　○○電機勤務　55歳　部長　いつも2～3人で来店。刺し盛と冷奴、鶏竜田揚げをオーダー、ドリンクは一杯目がビール。その後は芋焼酎」

　この架空の山本さんを喜ばせるために知恵を絞る。

　例えば、女性客を意識したメニューだった「まぐろとアボカドのミルフィーユ仕立て」や「鎌倉野菜の彩りサラダ」などは廃止し、その代わりに、中高年男性が好む「まぐろぶつ」「だし巻き卵」「もつ煮込み」などに変更した。少し高めになってしまっていた客単価も、以前の3000円のラインに設定し直した。（同書より抜粋）

　同社の改革の基本的な考え方に、明確にSTPマーケティングが登場し、

それに従って一つずつ改革を実行していくのである。店の現状分析、「ターゲット」「シーン」の明確化、そして提供するメニューの見直しと、見事に一貫した考え方が貫かれている。この結果同社は一店舗当たり利益が1.5倍から2倍となったそうである。

実際には、改革の道中にはさまざまな紆余曲折もあった、と社長ご本人はご謙遜されているが、株式会社湯佐和の戦略は多くの経営者に勇気を与えるものではないだろうか。

2▶3▶3　大手チェーンに挟まれた立地で躍進したカレー専門店 ──バリューカーブという競争戦略の可視化

競争戦略の可視化という観点で、もう一つ事例をご紹介したい。

強みを可視化する「バリューカーブ」という分析手法である。

2007年3月、代々木駅にほど近い一軒のカレー専門店が開店した。同店のカレーはたっぷりの野菜をオーダーを受けてから調理するもので、看板メニュー「一日分の野菜カレー」は990円という価格設定にも関わらず、大手牛丼／カレー店、大手カレー専門店に挟まれた立地で「行列店」となった伝説の店である。現在では首都圏ハブ駅から近郊まで直営・FC合わせて30数店舗を展開する成長を遂げている。

実際に食べてみると、独特の煮込まないスタイルのカレーは野菜中心でヘルシーで、店名の由来であるCAMPにちなんだ清潔感のある内装は明るく楽しげな雰囲気である。

この新興のカレー店がなぜ大手チェーンに挟まれた立地で成功できたのか？　ここではバリューカーブというフレームを使って考えてみる。

図表2-10を見ると、CAMPのカレーは、大手とは異なる「価値」で勝負していたということがわかる。

このバリューカーブは文字通り「価値」を可視化するためのものだが、**消費者側から見た「価値」で採点することがポイント**。例えば「価格」は"安いほうが価値が高い"と考える。

図表2-10　CAMPとチェーン店のバリューカーブ

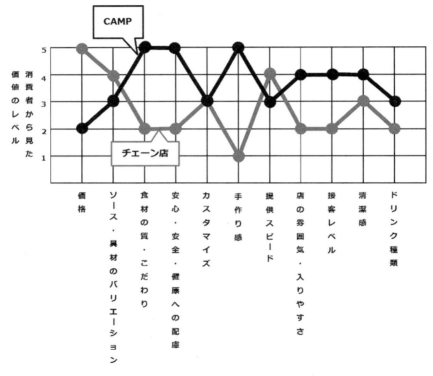

代々木は20代、30代の社会人が昼間人口に多く、外食中心で野菜不足になりがちな食生活の中、ヘルシーな野菜中心のカレーは、価格が高くても食べたいメニューとなったのであろう。

この考え方は類似業態で競争が激しい地域へ出店する飲食店に特に有効であると思われる。

「キラーコンテンツは何か？」が飲食店で言われて久しいが、他店ではなくあなたのお店にしかない、**客から見た「価値」は何か？**ということをこのフ

レームで明らかにすることができる。

　例えばコースメニューの内容を競合店と比較してみたときに、他店と異なるのはどこであろうか？「味」というのは一人ひとりの主観によって異なるので、「ウチのほうがおいしい」というのは、よほど圧倒的でない限りは項目としては不適だろう。食材の質や、メニューのバリエーション、サイドメニューの多さ、調理時間、席の数や混雑具合、店の雰囲気、他QSCに関わることなど、比較する要素は思った以上に沢山あるはず。あくまでお客様視点、それも**「ターゲットのお客様」**から見たときに"**価値があるか？**"で点数をつける。

　ヨコ軸の価値の項目は、例示しているもの以外にも料理のボリュームや個室の有無など、自店に合わせて設定すればよく、また必ずしも定量化できるものでなくてもよい。このフレームを使うことによって、**競合店と比べた「強み」「弱み」が明確**になり、弱みを補強するのか？強みをより強くするのか？の「戦略」を決めるのに役立つ。

　これは必ずしも同業態だけでなく、他の業態との比較もできる。

　例えば、会社宴会の店を選ぶ際は、居酒屋にするか、焼鳥店にするか、それともイタリアンにするか……業態を超えた選択になることも多い。宴会需要を狙うのであれば、宴会の幹事が気になる個室、コースの内容、価格、飲み放題の酒の種類……etc. といった要素で、他の業態の競合店と比較をする、といった活用が有効であろう。

2▶3▶5　しゃぶしゃぶのライバルは居酒屋
──シーンで異なる店の選ばれ方

　以前、あるしゃぶしゃぶチェーン（食べ放題、客単価3500円）の幹部の方と会話していた時に「ライバルはしゃぶしゃぶ業態の他店」という話を伺ったことがある。結論から言えば、この店のライバルはしゃぶしゃぶ店だけでなく、居酒屋や焼肉店などだ。逆も真なりで、居酒屋のライバルは居酒屋だけではないのだ。

「シーン」で考えてほしい。一人3500円を払ってチェーンのしゃぶしゃぶ店を利用するのはどんなシーンが多いだろうか？　社会人であれば、会社の歓送迎会など行事的なものや、仲間同志2～3名での気取らない食事、若者であれば合コンなどもあるだろう。

このような「シーン」においては、しゃぶしゃぶを食べるということ自体は目的として上位ではなく、「盛り上がって騒いでも大丈夫な個室が良い」「若い社員が多いから肉をたっぷり食べられたほうが良い」「寒い時期だからあったかいメニューが良い」などが店選びの条件だ。

宴会の幹事が「ねぇ、今度の宴会、どこにしようか？」などと相談している場面を想像してみるとよい。幹事は、会の趣旨と人数、参加者の顔ぶれなど、いくつかの条件でお店の候補を探しているはずで、その際に「業態」は決めていないのだ。

2▶3▶6　ターゲットの「店探し」の条件に合った訴求ができているか？

〈事例〉仙台　古々がみそ　繁華街の多様な宴会に向け　座席と設備の徹底訴求

ここでもひとつ事例を紹介しておきたい。

仙台市国分町にある「古々がみそ」が、ホットペッパーグルメに掲載している情報がユニークだ。

仙台随一の繁華街である国分町は社用の宴会も多い街。そこで同店では店の特徴である豊富な個室や、さまざまな人数に対応できる宴会スペースを写

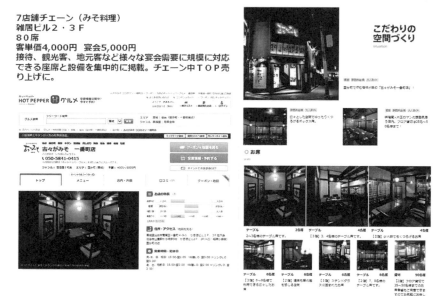

7店舗チェーン（みそ料理）
雑居ビル2・3F
80席
客単価4,000円　宴会5,000円
接待、観光客、地元客など様々な宴会需要に規模に対応できる座席と設備を集中的に掲載。チェーン中TOP売り上げに。

真と共に数多く紹介し、宴会ニーズに対する対応力の高さを訴求している。

多くの飲食店が料理やコース内容を訴求する中、**この地で多い会社宴会と**いう「シーン」を特定化し、幹事役が店を選ぶ際に気になるポイントに対し、店の強みをシンプルに訴求している。

まさに「**消費者視点に立った効果的な販売促進**」と言えるのではないだろうか。

2▶3▶7　本当に来てほしい客層は誰か？

「街×ターゲット×シーン」でみた販促の**間違った例**を見てみよう。名誉のために店名は伏せるが、日本有数の繁華街、単価の高い銀座の、とある焼鳥専業店である。

店の特徴としては、

銘柄地鶏を備長炭で焼く「こだわり系　焼鳥屋」

広い一枚板カウンターと半個室、コースは 6000 円〜

場所柄、接待やクラブの同伴が多い

このお店が行なった販促は下記の通り。

①店の入り口外に、10%割引券つきリーフレットを山積み

②グルメサイトに「150 分間飲み放題付 5000 円」のクーポン

銀座という場所は、オフィシャルでは接待や達成会・打ち上げなどが多く、プライベートであれば「ハレ」寄りのシーンが多い街である。

この店の売りは銘柄地鶏、備長炭というこだわりと、銀座らしい外食シーンに対応した高級感ある店づくり。ターゲットは「ライフスタイルリッチ層」と思われる。

一方で、行なっている販促策は「**価格訴求**」の色が強く、ライフスタイルリッチ層には響きづらい。相応に集客ができたとしても、ターゲット外の顧客ではリピートの可能性は低く、また、150 分飲み放題で、騒がしい若者の宴会が入ったりすれば「あの店は騒がしい」などと、本来大切にしたい「ターゲットど真ん中」のお客様を失うリスクも考えられるのだ。

この店が販促でアピールすべきは、価格が安いことではなく、「**銘柄地鶏のクオリティ**」や「**焼き方へのこだわり**」、社用や「ハレ」の日ニーズに合った「**高級感ある店の雰囲気**」であるはずだ。

ターゲットは誰か？をまず明確にし、そしてそのターゲットに響きそうで、

かつ他店と差別化が出来る内容をアピールすべきなのである。他店との差別化という観点で考えれば前述のバリューカーブを使ってプランニングしてみるのも良い方法だ。

〈事例〉　銀座の「こだわり系　焼鳥店」

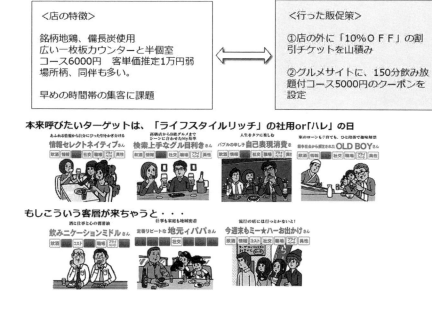

単なる安売りでないクーポンの活用とは？──伝えたい「価値」は何か？

　価格訴求が悪だと言っているのではもちろんない。

　例えば、焼鳥「一本80円均一」と謳っても、所得の高い舌の肥えた美食家の接待需要には響かないが、40代の会社員が仕事帰りに仲間とちょっと飲んで帰る日常の「チョイ飲み」には魅力的に映るだろう。

「コスパ」とはよく言うが、コストパフォーマンスの「パフォーマンス」は「価値」と言う意味であり、「価値」はターゲットとシーンによって変わるのだ。

　この焼鳥店の例で考えると……

「厳選した銘柄地鶏の希少部位を使い、備長炭を使って職人が焼き上げた焼

鳥を高級感のある店で食べられる」というのがもっとも伝えたい価値ではないだろうか？

銘柄地鶏の希少部位を備長炭で職人が焼き上げた焼鳥が、この価格で
　　（ターゲットに感じてほしい価値）　　　　　（プラスの価値）
　　　　　　　　　メイン　　　　　　　　　　　サブ

　ターゲットに伝えたい価値がきちんと説明されているということが極めて重要で、その上でプラスの価値としてお得感を加えることで初回来店の動機づくりを行ない、背中を押すわけである。そして来店して満足してもらい、「リピーターになっていただく」。あるいは「ＳＮＳで拡散していただく」……こういう効果を狙いたいのである。

ピークタイム以外の集客、稼働率 UP のためのクーポン活用

　販促によって早い時間帯など稼働率の悪い時間帯の集客を図りたいというケースもあるだろう。代表的なのは「ハッピーアワー」である。ピークタイム以外の来店に割引やサービスをセットする、アメリカの飲食店では一般的によくみられる販売促進だ。

　また全体の稼働率に対する販売促進策もある。例えば「4名以上の予約にプレミアム日本酒の利き酒セットをサービス」などである。

　席稼働率を高めるためこうした特典も効果的と思われる。もちろんこれも、まずターゲットを明確にし、ターゲットに響く自店の強みを伝えるという基本が大切であることは言うまでもない。

2▶4　集客の構造化とインターネット活用の基本

「街×ターゲット×シーン」を基本的な考え方として、いくつかの事例を見てきた。

この基本の考え方を販促にどう生かしていくかについて、ここで解説をしていきたい。

まず押さえておきたいのは集客の構造だ。

2▶4▶1　集客を「構造的」に考える

販促による集客は、いかにリピーターになる可能性の高い客を新規で集客できるかが重要で、「販促費」はこういう構造を作り、回すための"戦略経費"と考えるべきである。

ここでは、飲食店の販促に詳しく、コンサルタント・講師としてご活躍の一方で、ご自身も居酒屋繁盛店を営んでいる**株式会社ナレッジネットワークス　代表取締役社長　中島孝治氏**による集客構造の図をお借りし、飲食店の集客構造について考えてみる。

図表 2-11　新規客→リピート客→常連の期待度は？

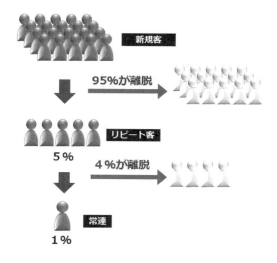

図表 2-11 に示すように新規集客は、9割以上が離脱し、リピーター化するのは5％程度、そのうち1％が常連化するのが、一般的な飲食店で見込める数字。中には「ウチの店はもっと高い」という店もあると思うが、それはその店の現実的な数値なのであれば、その数値でシミュレートすればよい。

新規集客からリピーターが生まれ、リピーターが徐々に増えて厚みを増し客数の中で比率が上がってくる……これが理想的な姿だ（**図表 2-12**）。「リピーターでほぼいっぱいになる」そんな状態になれば新規顧客獲得のための販売促進は必要ないが、そういった飲食店は多くはないだろう。

図表 2-12　飲食店にとって販促とは何か？

株式会社ナレッジ・ネットワークス　中島孝治氏提供

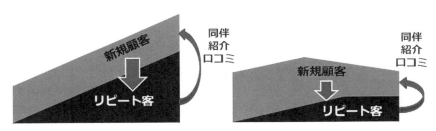

リピーターの来店頻度は、週に何回ともいう常連から年一回など様々であろうし、3度来店したがそれっきり……と離脱するケースもあり、つまりは**図表 2-12** のごとくリピーターも新陳代謝する。

中島氏が提唱するのは、自店で見込めるリピーターや流動客の予測をベースに、その月に必要な客数とのギャップを新規客数で獲得するマネジメント手法だ。

図表 2-13 は、中島氏にお借りした、客数、リピート率、単価の概念を中心に年間のシミュレーションをできるように作成した、基本的なマネジメントツールである。

図表 2-13　月間のシミュレーション　資料提供　株式会社ナレッジ・ネットワークス

現在の状況　　　　　　　　「販促によるプラス」　　　　　月間シュミレーション

現在の状況		
売上	6,000,000	
客数	2,000	
客単価	3,000	
FLコスト	4,680,000	58%
F	1,800,000	30%
L	1,680,000	28%
その他変動諸経費	1,200,000	20%
粗利	1,320,000	
固定費	1,500,000	
経常利益	-180,000	

販促によるプラス	
営業日数	25
一日平均客数	80
HPG目標/1日	5
月間来店客数	2,125
増客により増えるコスト	
原価率	30%
追加・人件費額	
追加・諸経費額	
HOT PEPPER	20,000

月間シュミレーション		
売上	6,375,000	
客数	2,125	
客単価	3,000	
FLコスト	4,792,500	56%
F	1,912,500	30%
L	1,680,000	26%
その他変動諸経費	1,200,000	19%
粗利	1,582,500	
固定費	1,520,000	
経常利益	62,500	

販促によって見込める客数／一日あたりと販促コストを入力し、月間客数、売上、利益を自動計算する。

図表 2-14　月間シミュレーションを年間計画に反映

資料提供　株式会社ナレッジ・ネットワークス

顧客リピート率	
現在客数	2,000
HOT PEPPER?	5
月間想客数	125
本著率	30%
本著客数	38

	1月		2月		3月		10月		11月		12月	
売上	6,375,000		6,487,500		6,600,000		7,387,500		7,500,000		7,612,500	
客数	2,125		2,163		2,200		2,463		2,500		2,538	
本米価	3,000		3,000		3,000		3,000		3,000		3,000	
FLコスト	4,792,500	56%	4,826,250	56%	4,860,000	55%	5,096,250	53%	5,130,000	52%	5,163,750	52%
F	1,912,500	30%	1,946,250	30%	1,980,000	30%	2,216,250	30%	2,250,000	30%	2,283,750	30%
L	1,680,000	26%	1,680,000	26%	1,680,000	25%	1,680,000	23%	1,680,000	22%	1,680,000	22%
その他諸経費	1,200,000	19%	1,200,000	18%	1,200,000	18%	1,200,000	16%	1,200,000	16%	1,200,000	16%
粗利	1,582,500		1,661,250		1,740,000		2,291,250		2,370,000		2,448,750	
固定費	1,520,000		1,520,000		1,520,000		1,520,000		1,520,000		1,520,000	
経常利益	62,500		141,250		220,000		771,250		850,000		928,750	

「現在の状況」をベースに、「販促によるプラス」で販促によって獲得したい客数とコストを割り出し、「月間シミュレーション」に反映。それを**図表2-14**の「年間のシミュレーション」に反映させる構造だ。

　業績のマネジメント手法は企業によって様々であるが、中島氏の提唱する考え方は、「客数」をマネジメントすることで業績を管理するシンプルかつ実践的なものと言える。

　店によっては、もっと緻密な数字管理、目標管理を行なっている企業も多く、まさに「釈迦に説法」かもしれないが、集客を「構造化」し、販促費を「戦略経費」とする基本的な考え方としてご理解いただきたい。

　ちなみに、同氏が経営する**居酒屋　南行徳「手羽矢」**は 37 ヵ月連続前年同月比 UP を達成した名店であり、このノウハウは多くの飲食店で参考にされているものである。

　販促＝「戦略経費」の使い道は様々考えられるが、インターネットが発達した今、検索サイト、SNS、グルメサイト etc. 多様なメディア、コミュニティの特徴を踏まえた戦略的な活用について次項で述べる。

2▶5　インターネット上でお店はどう選ばれているのか？

　本書初版から 2 年余が経過し、インターネット上での消費者のアクション
は大きく進化、様変わりしている。この項では、2018 年秋現在でのインター
ネット上での消費者の行動、各種メディアの状況について解説する。

　インターネット環境の進化の歴史に少し触れておく。

Web1.0　1995 年頃〜　"ホームページの時代"
　インターネットが一般化した 1990 年代中ごろから 2000 年代初頭
　大量のコンテンツを抱えるホームページに代表されるサイトが一方通
行的に提供され、利用者が閲覧する。
　インターネットは主に情報閲覧の機能として使われる。

Web2.0　2005 年ごろ〜　"ネットショッピング、SNS の時代"
　検索システムの進化、個人からの情報発信、ソーシャルネットワーキ
ングサービス（SNS）掲示板、ネット販売、予約システム、チケット発券
システム、ペイメントサービスなど、大きな進化をもたらした。

Web3.0　2017 年前後〜　"ブロックチェーンの時代"
　非中央集権（特定の WEB サイトやサーバーにデータが集約されるので
はなくネットワーク上の端末が相互にデータを保有・管理する）による
公正で安全なシステムを通じ、仮想通貨など新たな概念のサービスの登
場が期待されると同時に、IoT（Internet of Things インターネットと機
器がつながることにより新たな利便性の高い機能が提供される）、Ai 活用
やロボティクスも含め、新たなイノベーションが予想される。

　現在は Web3.0 に向かっての移行期といえ、仮想通貨（暗号通貨）を支え
るブロックチェーンや P2P デジタルストレージなど、非中央集権型による
公正で安全な次世代のネットワークが築かれようとしている。ご興味のある

第 2 章　飲食店のためのマーケティング「街×ターゲット×シーン」　111

方は既にインターネット上の記事、関連書籍なども数多く出ているので是非
参照されたい。

2▶5▶1　インターネット上の店探しは、3つのレイヤーで分化

　インターネットによる飲食店探しは、1990年代中頃（Web1.0時代）に早
くも飲食店検索サービスが登場。2010年代中頃までには、いわゆる「グル
メサイト」と呼ばれる飲食店検索メディアが活用され、口コミやリコメンド
機能などを増やしながら発展してきた。

　2010年代中頃より「ネット予約」が登場。SNSの利用が大きく進み、イ
ンフルエンサー（ネット上で繁盛店やメニューなどを投稿し消費者に強い影
響力を持つ）による投稿や、店側からの一方的な宣伝に見えないリコメンド
を模した記事風投稿サイトなど、様々なメディアが飲食店のマーケティング
のフィールドに登場し活用が一気に進んだ。

　そして現在、消費者は自分の関心や店探しのテーマに合わせてこうしたメ
ディアを"賢く"使い分ける時代となっている。店情報を探すにあたっては、
業態だけでなく、メニューや立地、ロケーション、設備など複合的で、メ
ディアによっても特徴が異なる（**図表2-15**）。

　消費者の検索は具体的かつ多重的であり、そこに何か手が打てなければ、
自店のwebサイトを作りこんだとしても埋もれてしまう。ロボットに言葉
で話しかけてリコメンドしてもらう、という行動が当たり前になりつつある

図表2-15

業態・料理 / シーン	焼肉	しゃぶしゃぶ	居酒屋	和食	イタリアン	…
接待	→		→	落ち着いた個室		
忘年会		大人数で騒げる →	→			
送別会						
職場の女子会						
デート				→	初デートでリッチな感じ…	
仲間でパーティ	焼肉を大勢でワイワイと					
家族で食事	↓					
…						

今、情報がネット上に存在するだけでは埋もれてしまうのだ。

2▶5▶2 「何に掲載するのが一番良いのか？」はもはや愚問。
ターゲット顧客をイメージして最適な情報発信を

　数年前までは、「何に掲載するのが良いのか？」「どのサイトが効果が高いのか？」という質問を受けることも多かった。しかしながら、消費者が日常的にインターネットに接し、メディアも多様化した現在のネット上での店選びの行動は……

　①認知（情報の入口）　②コンテンツ（内容の評価検討）　③アクション（予約、来店）の3段階で複数のメディアを使い分けるように分化している（図表 2-16）。

図表 2-16

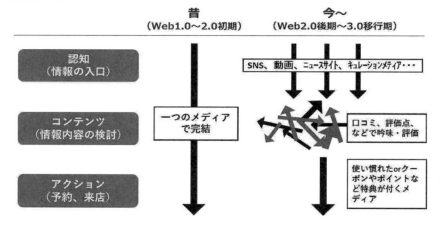

　①**認知（情報の入口）**……"ターゲット"客の目に触れやすいのはどういったメディアか？
　　■Google、yahoo！など検索サイト Google マイページによる公開情報
　　■グルメサイト　ホットペッパーグルメ、ぐるなびなど総合型。
　　　一休、ポケットコンシェルジュなど高級店特化型
　　　食べログ、retty など CGM 型
　　　favy、ヒトサラなどリコメンド型、
　　■ニュースサイト、キュレーションメディア（グルメ情報、タウン情報

第2章　飲食店のためのマーケティング「街×ターゲット×シーン」　113

など)
- ■SNS（facebook、Twitter、instagram、LINE などの個人の投稿）
  　　（同、企業、店舗アカウントからの投稿）
- ■ブログ（特に著名ブロガーなど）
- ■動画サイト（You Tube、ニコニコ動画、キュレーションサイトなど）

② **コンテンツ（内容の評価検討）**……目にした人に「何をどう評価されたいか？」
- ■メニュー内容、食材、お店の雰囲気、設備などの評価を、サイトに掲載される口コミ、インフルエンサーのリコメンドなどから吟味、判断する

③ **アクション（予約、来店）**……予約、来店はどんなメディアから行なわれるのか？ or 店としてはどのメディアや手段で予約して欲しいか？
- ■予約エンジンを持つグルメサイト（ホットペッパーグルメ、ぐるなび、食べログ、ポケットコンシェルジュなど）
- ■予約台帳サービス（トレタなど）が提供する予約機能を活用
- ■自社・店のホームページに予約エンジンを搭載

　今の消費者はさまざまなメディアを通じて、柔軟に賢く情報を探し、評価し、アクションする。

　3つの各段階でメディアや機能、手法を戦略的に組み合わせて活用することが今の時代には重要となる。

　各メディアから提供されるデータを使い、エリア平均値や他店舗と自店の閲覧状況や来客実績を比較、また POS レジデータや予約実績、覆面調査など満足度調査の結果などとも合わせて、来店傾向や満足度の相関などを分析することが可能になってきた。

　テクノロジーの進化とともに簡便な分析ツールも次々と登場し、飲食店は販促はもちろん、経営全般において「データサイエンス」の時代に突入したのである。

インフルエンサーの影響力

　近年ますます影響力が高まっているのが、インフルエンサーだ。美食家、コンサルタント、フードファイター etc. 様々なタイプが存在するが、動画サイト、SNS で発信する彼らにはファンがおり、またファン自らインフルエンサーの発する情報を拡散するなど多重的だ。

　インフルエンサーを使ったマーケティング支援を行なう専門のコンサルティング会社なども登場しているのは、その影響力の高さが故であろう。

インフルエンサーの SNS 例

消費者には"フィルター"が必要

　こうしたインフルエンサーは消費者にとって「信用できるフィルター」といえる。

　消費者は、自分の好みや価値観に合うインフルエンサーの発信から店やメニューの情報を知り、その情報に加えて口コミなども活用して評価・選別し、アクションを起こす。

PESO モデル

　こうした消費者の行動に関与するインターネットの世界を俯瞰的に整理したわかりやすいモデルが「PESO モデル」だ。

　メディアが PAID、OWNED、EARNED、SHARED の４つに分けられ、中心に口コミなどの店の評判情報が位置づけられる。

図表 2-17　PESO モデル

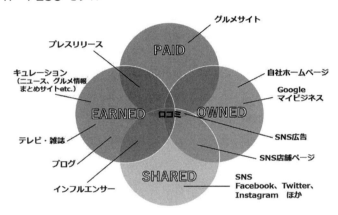

　自社、自店のターゲットとなる消費者の目に留まり、評価され、選ばれるために、どのようなメディアの組み合わせ、使い分けが効果的であるのか？

　販促 DM、メルマガ、スタンプカード、独自ポイント制度…これまでの販売促進が必ずしも有効でないわけではないが、ターゲットの目に留まりやすく、ターゲットに魅力的な情報を伝える手法は驚くほど多様化している。市場の変化と消費者の進化のスピードは速く、時代に乗り遅れることは避けたい。

2▶5▶3　繁盛店・人気店でも必要な「レピュテーション・マネジメント」

　一部の繁盛店、人気店では「ウチは販促は要らない」という店もあることとは思う。

　しかしながら集客だけではなく、ブランディングの観点、狙った客層に、望む評価を得続けることで継続的な繁盛を目指すという意味で、現在のイン

ターネット環境にあった積極的な取り組みは必要だと思われる。

　店の評価は人それぞれであり、人のタイプによって同じ店、同じ料理でも評価は変わる。現在のインターネット環境、消費者の行動に合わせ、店の評価・評判（レピュテーション）を積極的にマネジメントすることを是非お勧めしたい。

2▶5▶4　ネット予約、ポイント、キャッシュレス
　　　　──テクノロジーがもたらす業務改革

ポイント経済圏との連動

　PontaやTカード、楽天ポイントなど共通ポイントと呼ばれる会員は数千万人に及ぶ大きな経済圏と言える。

　これらの共通ポイントは、流通、航空、通信、ＥＣ、電子マネーと様々なポイントプログラムで相互連携が進んでおり、このポイントが使えるサイトへ掲載することは、例えば家具や家電など比較的高額な商品購入で獲得したポイントを使って外食をするお客様を集客するなどの効果が見込め、積極的な活用をお勧めしたい。

　「ターゲット」の項で登場した「堅実女子さん」「情報セレクトネイティブさん」は、彼女たちのフリーアンサーに「ポイントをためる」などの回答が多く見られ、こうした情報感度が高い層の人々がインターネット上の各種のサービスをうまく使いこなしていることがわかる。特にこうしたターゲットの集客には、ポイント経済圏と連動は有効であろう。

キャッシュレスへの取り組み

　各種電子マネーでの決済は、日本市場の遅れが指摘されているが、インバウンド増加、東京五輪を控え、ようやく導入の動きが加速してきた。

　本章では、集客、販売促進にかかわるインターネットの環境について述べているが、インバウンド客、特に中国系の旅行者は利用率が高いため、彼らをターゲットとする場合には積極的な導入が必要だ。

手数料ゼロも登場。業界全体が大きな革新へ

　PayPal、楽天ペイ、Yahoo! ウォレット、LINE Pay、Air ペイ等、数多くのID決済サービスが登場しており、中でもアマゾンペイが手数料ゼロを打ち出すなど、業界全体が大きな変革期に来ており、動向が注目される。

店舗のマネジメントに大きなプラス

　キャッシュレス化は、消費者にメリットとなるだけでなく、店側のメリットも大きい。

　瞬時の決済は、会計時の時間短縮効果が大きく（特にランチ営業など一定時間に集中しがちな店には効果大きい）、また、レジ締めの負荷低減（完全キャッシュレスの場合レジ締めそのものがなくなる）につながる。

　2017年　ロイヤルホールディングスは、完全キャッシュレスの店舗「ギャザリング・テーブル・パントリー」をオープンし話題となったが、同社が目指したのは、キャッシュレスだけでなく、セルフオーダー端末の導入や、セントラルキッチン活用、最新の調理機器による調理など、さまざまなイノベーションによる「生産性向上」だ。これについては第4章で述べる。

ネット予約の課題と対策

　ここでネット予約のデメリットにも触れておきたい。

ドタキャン、ノーショウへの対応。

　ネット予約で現在問題になっているのは、急なキャンセル（ドタキャン）やノーショウ（キャンセル連絡もなく、来店しない）が多いことである。

ネットで簡単に予約ができ、便利になった分、当たり前のルールや常識を守らない心ない消費者が存在する。この問題はまことに悩ましい。

　現状の店側の善後策としては、

　・前日や、予約が仕入れに影響する数日前に電話を入れて確認する

　・前日の予約確認メール（※予約サイトでは自動で行なっている）

　・「10名で席のみ予約」といった、後々に変更可能性の高そうな予約については、特に用心して早めに詳細を確定させる

などであろう。

　もっと積極的な対策として、例えば……

「キャンセル規定を明確化して、キャンセル料を徴収する」「ネット予約をクレジットカードなど事前決済型にする」「予約金や補償金を必要とする仕組みにする」などが考えられそうであるが、どれも「どうやってキャンセル料を徴収するか？」や、「会計時に補償金を相殺するオペレーションをどうするか？」など一長一短ある。予約行為そのもののハードルを高くしてしまうことで、予約自体を減らしてしまうことは避けたいし、ようやく消費者に浸透してきたネット予約文化を鎮静化させてしまう恐れもある。

　ホットペッパーグルメでは、ネット予約は「リクルートID」と呼ぶ会員資格を取得した会員が行なうため、ノーショウなどの行為が続いた場合、会員資格の停止などのペナルティを発動するなど対策をとっているが、この問題は、業界全体の課題と言え、消費者への啓蒙を含めた対策が急務であると認識している。

ダブルブッキング防止と在庫管理

　一方、飲食店側にも課題はある。

　航空機・旅館・ホテルでは、座席や部屋の在庫は「共有化」（予約枠が一つ埋まると、他サイトや自社ホームページの在庫数が自動的に減る仕組み）が当たり前だが、飲食店の場合は席タイプ、席結合など飲食店特有の細かな管理があるが故に、まだそこまでには至っていないのが現状。それゆえに、例えば予約が何卓かはいっている日に、忘年会の団体予約が重なった時点で複数のダブルブッキングが発生してしまうなど、店側のオペレーションミスによるダブルブッキングが発生するリスクがあるのだ。

　席の登録をこまめにメンテナンスすることが基本であるが、特に席の予約

人数を多く設定している店や、複数のグルメサイトの予約を受け付けている店は注意が必要だ。

第3章

外食の未来を考える──ブームやトレンドの背景にある市場の変化と消費者の価値観の変化

　話をマーケティングに戻そう。

　外食産業では「10年続く業態は10％」と言われている一方で、「ハイボールの次は？」とか「横丁がブームだ！」など、短期的な流行を追いかける話題も多い。本書を書こうと思った動機の一つに、業態論・トレンド論のみが先行してしまいがちの業界に一石を投じたいという想いがあり、この第3章では、過去に起きたブームをマーケティング的にその背景をさぐりつつ、これからの市場変化と消費者の価値観の変化について考えていきたい。

3▶1　ブームの背景に「世代ミックス」──ファミレスブームと居酒屋チェーンブーム、バルブームはなぜ起きたのか？

　図表3-1 はここ約50年弱の間に起きた外食のブームを当時の大まかな景況と共に表し、下段に主な世代が当時どのくらいの年齢層にあったのかを組み合わせて表示している。第1章で見た人口ピラミッドで団塊世代と団塊ジュニアに大きなボリュームゾーンがあったことを思い出しながら見ていただきたい。

ファミレスブーム

　すかいらーく開業（1970年）、ロイヤルホスト1号店（1971年）、デニーズ1号店（1974年）、など1970年代初頭にアメリカより輸入されたファミリーレストランという新しいスタイルは、当時まだM1・F1層（24〜34歳）で「ニューファミリー」などと呼ばれ、新しいライフスタイルを取り込んでいく団塊世代の若い家族の、ちょっとおしゃれで、ちょっと贅沢というニーズにヒットし、大いににぎわった。

図表 3-1　外食ブームと世代の関係

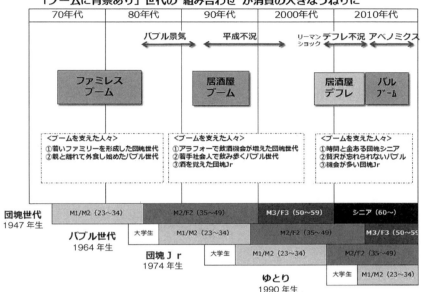

居酒屋ブーム

　1990年代前半に起こった「居酒屋ブーム」は、当時それまでの居酒屋が持っていた「場末で、うす暗くて、おじさんばかり」という居酒屋の印象を、つぼ八、ワタミなど当時躍進した新興チェーンが塗り替えたことで、若者や家族連れに支持される新しい居酒屋の時代が始まった。これを**図表 3-1**の年表で確認してみると――団塊世代は会社でも中核となる40代。当時は社用利用も今よりもずっと多かった。バブル世代（1960〜1967生まれ位）は、若手社会人として飲食機会が多く、団塊Ｊｒ世代は大学生となり酒を覚えた時期……つまり1990年代には飲酒をする人口が分厚く存在していることがわかる。

居酒屋デフレの後に登場したバルブーム

　リーマンショック以降、急激に下落した景気は、もともと市場飽和・オーバーストア状態を極めていた居酒屋業界を直撃し、「居酒屋デフレ戦争」と

呼ばれる価格競争の時代に突入した。均一価格の激安店が登場し、それに対抗するかのように各店でメニューや価格の改定が相次ぎ、割引クーポンなど価格訴求による集客対策が多くみられた。

また居酒屋業界以外でもファミレス、ファーストフードで価格改定、商品ラインアップの見直しなど迷走があったことは記憶に新しい。

この居酒屋デフレのあとに登場してくるのが「バルブーム」である。

専門性があり、個性が感じられる料理を、リーズナブルな価格で楽しめる「バル」が2010年頃から広まった。安いが画一的でクオリティ感に欠けるメニューに辟易した消費者が、価格以外の「価値」を求めていったということだ。

この頃の世代構成を見れば、……

1. 2007年に60歳を迎えた**団塊世代**は、現役競争社会から解放された一方で、まだまだ元気で趣味的に外食を楽しむ機会が増える。

2. 消費の楽しさが忘れられない**バブル世代**は、50代前後となり、安い大衆店でなく、こだわりのある個店を求める。

3. **団塊Jr**は40代を迎え、部下や仕事仲間とのシーンが豊富にある。

1.2.3.の層が、折からの第3次ワインブームと相まって、安いけど目新しさがなく、コストパフォーマンスが良くない（と感じられる）居酒屋よりも、こだわりのある手作りの美味しい料理があり、リーズナブルなワインでかっこよく飲めるワインバルやビストロを求めたのだ。

こうして考えていくと、ブームやトレンドが登場するのは時代の必然でもあるのだ。当時の時代背景や各世代の平均的なライフステージ・ライフスタイルを見ることで、ブームの理由が見えてくるのではないだろうか？

これをこれからの予測に活かしたい。

3▶2　アメリカに倣った高度成長期、ヨーロッパに憧れたバブル期——消費の価値観の変化を読み取る

もう少し深堀をしてみたい。消費は、その時代がもつ「価値観」によって変化する。時代に流れる「価値観」をベースに、前述の各世代のライフステージ・ライフスタイルで消費が決まってくるのだ。

この消費の「価値観」の変化を体系的にまとめた書籍——三浦展著『第四の消費』で描かれた概念をお借りし、外食マーケティングへの接続を試みてたい。

「第四の消費」では、日本の消費価値観の変遷を４つの段階で次のように定義している。

図表3-2　日本の消費価値観の変遷

第一の消費──明治～戦前　富国強兵
第二の消費──戦後復興～高度経済成長、オイルショック
第三の消費──低成長～内需拡大～バブル～小泉改革
第四の消費──小泉改革～現在

時代区分	第一の消費社会 1912～1941	第二の消費社会 1945～1974	第三の消費社会 1975～2004	第四の消費社会 2005～2034
社会背景	日口戦争勝利後から日中戦争まで 東京、大阪などの大都市中心 中流の誕生	戦後、復興、高度経済成長期からオイルショックまで 大量生産、大量消費 全国的な一億総中流化	オイルショックから低成長。バブル、金融破綻、小泉改革まで 格差の拡大	リーマンショック、2つの大震災、不況の長期化、雇用の不安定化などによる所得減少 人口減少などによる消費市場の縮小
人口	人口増加	人口増加	人口微増	人口減少
出生率	5	5→2	2→1.3～1.4	1.3～1.4
高齢者率	5%	5%→6%	6%→20%	20%→30%
国民の価値観	national 消費は私有主義だが、全体としては国家重視	family 消費は私有主義だが、家、会社重視	individual 私有主義かつ個人重視	social シェア志向 社会重視
消費の志向	洋風化 大都市志向	大量消費 大きいことはいいことだ 大都市志向 アメリカ志向	個性化 多様化 差別化 ブランド志向 大都市志向 ヨーロッパ志向	ノンブランド志向 シンプル志向 カジュアル志向 日本志向 地方志向
消費のテーマ	文化的モダン	一家に一台 マイカー マイホーム 三種の神器 3C	量から質へ 一家に数台 一人一台 一人数台	つながり 数人一台 カーシェア シェアハウス
消費の担い手	山の手中流家庭モボ・モガ	核家族 専業主婦	単身者 パラサイト・シングル	全世代の シングル化した個人

『第四の消費』三浦展著　光文社より

この主な要素を年表に当てはめ、その時代の流行などと比較してみたのが**図表 3-3** である。

図表 3-3

	19070年代	1980年代	1990年代	2000年代	2010年代
経済動向	オイル ショック	バブル景気	平成不況	リーマン ショック	デフレ不況 アベノミクス
「第四の消費」で定義された消費社会	第2の消費	第3の消費			第4の消費
人口	人口増加		人口微増		人口減少
所得、市場、社会	所得増加 市場拡大 一億総中流	所得増加 格差拡大 バブル景気	格差拡大	市場縮小 所得減少 格差拡大	
消費の価値観・志向	**Family** 大量生産、大量消費大 きいことはいいことだ アメリカ文化への憧憬	**Individual** ブランド志向 ヨーロッパ文化への憧憬		**Social** 社会正義 グローバル 日本回帰、地方志向 シンプル、カジュアル	
消費のテーマ	大衆化 一家に一台	差別化 一人一台	個性化 多様化	コスパ シェア コミュニティ	
流行、ブーム	三種の神器 マイカー マイホーム 3C ファミレス ファーストフード	DCブランド ルイヴィトン BMW イタめし カフェバー 美味しんぼ／86	オタッキー ポケベル iモード 居酒屋チェーン もつ鍋	IT革命 小泉改革 ユニクロ ブログ 世界に一つだけの花	スマホ SNS バル、横丁 立ち飲み、ちょい呑み 赤身肉
流行語	ナウい ダサい おちこぼれ	三高／バブル初頭 まるキン・まるビ／84 ヤンエグ／90 究極／86 ドライ戦争／88 オバタリアン／89	おやじギャル／90 カード破産／92 就職氷河期／94 価格破壊／94 マイブーム／97 学級崩壊／99	草食系男子／06 ニート／04 勝ち組・負け組／06 炎上／07 ゆとり世代／08 女子会／09	KY リア充 肉食女子 イクメン

高度経済成長期　大量生産・大量消費

1970年代　ファミレスブームが起こった70年代は、三浦氏が定義する「第2の消費」にあたる。

人口増加を背景に、一億総中流意識のもと、大量にモノが生産され消費された時代。ファミレス、ファーストフードが登場し、文化的にはアメリカ文化への憧憬が色濃い。消費の中心は、当時ニューファミリーを形成した団塊世代の若い家族だ。

消費の価値観の中心は Family で、三種の神器など、豊かな家庭を築く商品やサービスが生まれ、消費された。

当時の流行語を紐解くと「大きいことはいいことだ」と大量生産／消費時代を象徴するものや、「ナウい」「ダサい」「落ちこぼれ」など、世の大勢、流行から遅れていることを揶揄するような表現が目立つ。

オイルショックを経て、量から質の消費へと変化

オイルショックを経て、時代は「第3の消費」に突入する。日本は空前の好景気に向かい、一億総中流から、格差の拡大へ移行。それは量から質への転換であり、バブル景気の時代では、あこがれはアメリカ文化から伝統あるヨーロッパブランドに変化した。広がる格差は差別化のためのキーワードを生み「三高」「まるキン、まるビ」「ヤンエグ」などが流行した。

消費の価値観の中心は individual で、携帯電話、テレビ、ラジカセ、車……一人が一台を所有するようになる。

その後、「第3の消費」は、バブル経済の崩壊を経て、物質的な差別化から、個性を尊重し、「世界に一つだけの花」のごとく多様性を重んじる世の中へと変化してゆく。一方で、失われた 20 年ともいわれる長引く不況の中、「勝ち組」「リア充」、「ニート」「ワーキングプア」などの流行語が象徴する新たな格差社会が生まれてゆく。

インターネットによるサービスが日常生活に浸透し、EC など、ビジネス習慣を変える一方で、バーチャルな空間で活発に情報が流通するコミュニティが生まれていく。

人口減少、市場縮小、格差拡大の中、「社会的な正しさ」を問う消費が芽生える

「第四の消費」は 2000 年代半ばに始まる。

人口減少、市場縮小、所得減少、格差拡大を背景に、第四の消費では社会との接続を感じさせるキーワードが並ぶ。消費の価値観は Social と言う概念で、シンプルで無駄がなく、環境への配慮や地域経済との接続など、「社会的に正しい」消費活動であることが重視される。

また、震災という大きな出来事を経て、地方創生など、地域社会の経済再生につながる消費活動や、横丁など人と人とのつながりを生むコミュニティの存在が支持を集めていく。

「第四の消費」と外食

この第四の消費時代にある現在、外食はどのように進化してゆくのだろうか？

アメリカのニューヨーク、ブルックリン、ポートランドなどでは、オーガ

ニックや地元で作られた農作物、化学調味料不使用、工業的大量生産によらない手作り、といった特徴的な消費・ライフスタイルがみられる。

昨今、日本にもこのトレンドが浸透しつつあり、イートグッド、イートウエルなどという言葉と共に、進歩的な飲食店が登場してきている。

責任ある消費、シンプル、カジュアル、クラフト、シェア、コミュニティといったキーワードが登場し、地球環境や健康・安全などに背かない、地域社会への貢献や活性化につながる「社会的に正しい消費」を求める動きが拡大し、それは、比較的裕福で、情報感度が高い層を中心に広がりつつある。

株式会社エピエリが運営する「麹町カフェ」、アメリカから進出したファストカジュアルハンバーガーの「シェイクシャック」、あるいは、株式会社エーピーカンパニー「塚田農場」の自社農場化モデル、株式会社ファンファンクションが運営する「北海道厚岸」「福井県美浜町」など漁師直結モデル、また昨今、世代を超えたコミュニティとして賑わう「ハモニカ横丁」「恵比寿横丁」など、が上記のキーワードにヒットする「**第四の消費的**」外食トレンドと言える。

3▶3　「意味」や「責任」を問う消費とは何か？
——全世界的に起こっている消費の価値観の変化

消費に関する価値観の変化は全世界的で、特に先進諸国において顕著なようである。こうした消費価値観の変化について詳細に紹介している書籍をいくつかご紹介する。

『スペンドシフト　希望をもたらす消費』
（2011年　フィリップ・コトラー序文　ジョン・ガーズマ、マイケル・ダントニオ著　プレジデント社）

何を持つかよりどう生きるか？
アメリカに起こった消費価値観は……
- 自分を飾るより、自分を賢くするためにお金を使う
- ただ安く買うより地域が潤うようにお金を使う
- モノを手に入れるより絆を強めるようにお金を使

う、などに変化し、また企業側は、倫理、社会とのつながり、共感、説明責任など、消費者にとって重みが増している価値観を理解し、受け入れる企業は、これまでと違った競争優位を手に入れることができる。と述べている。

『**ヒップな生活革命**』（2014 年　佐久間裕美子著　朝日出版社）

　ポートランド、ブルックリン、デトロイトなどの都市に象徴的に見られる、アメリカ人の新しい消費価値観として、

- 「より大きく、より多く」の消費活動と決別
- 自分と強いつながりを感じるものを買う（地域、コミュニティ、作り手）
- オーガニック、エコ、ハンドメイド、クラフト、インディペンデント、ヘリテイジ
- ロカヴォア（100 マイル以内からの食材調達）
- 責任ある食べ方

などを詳細に解説している。

『**物欲なき世界**』（2015 年　菅付雅信著　平凡社）
「モノを消費することで差をつける時代が終わる」として、消費主義の終焉を語っている。

　ライフスタイルを売る時代、ロハス、スローライフ、ダウンシフター、スペンドシフト、商品でなくコミュニティを売るなどのキーワードをあげ「消費が飽和した社会は、"意味があるもの"をブランドに要求する」と述べている。

3▶3▶1　「イミ消費」——消費の意味や意義を問う価値観

　1970 年代 80 年代、人々は「モノ」を手にすることで満足、充実感を得た。これが後年に「モノ消費」と言われる。

　バブル崩壊後の 90 年初頭〜 2000 年代にかけての"失われた 20 年"と言われる景気低迷の中では、「モノ」ではなく"体験"を売ることが重要で、所有するだけでは得られない体験や思い出に消費者はお金を払うのだと言わ

れた。それが「コト消費だ」。

「モノ消費からコト消費へ」と言われ始めたのは2000年代前半だが、これから述べる今の消費の価値観は、以前の「モノ消費」とも、「コト消費」とも違う。

「イミ消費」とは何か？

　健康維持、環境保全、地域貢献、他者支援、歴史・文化伝承、自己表現……同じ目的で物を買うなら、こういう価値が「付加」されている商品に価値を感じる人々が増えている。購入する商品・サービスの「機能」や「効能」、「コンテンツ」は勿論大切ではあるが、こうしたキーワードの「価値」が付帯した商品に人々は選択する意味や意義を感じ取っている。

　それが「イミ消費」だ。

「モノ」→「コト」→「イミ消費」へ

モノ消費	おいしいものを作れば売れる 流行に乗れば、儲かるフォーマットを拡大すれば儲かる 3種の神器、イタ飯、ブランドのバッグ	70年代、80年代
コト消費 (2000年代初頭〜)	モノを売るのではなく、体験を売る 特別な体験や人間関係を深めるため 趣味の会、文化的イベント、女子会、etc.	90年代後半〜 "失われた20年"
イミ消費 (2010年代〜)	健康維持、環境保全、地域活性、他者支援 歴史や文化への共感 自分のライフスタイルを表現 イートグッド、無農薬・無化調、手作り、食品ロス ふるさと納税、寄付付き商品、クラウドファンディング、カーボンオフセット、フェアトレード	特に震災以降

「モノ」から「コト」、そして「イミ消費」へ

「モノ消費」や「コト消費」がなくなったわけではない。

　今の時代でも、一旦流行してしまえば「流行っているその商品が欲しい」という人々が増えるわけで、「モノ消費」は現在においても存在し得る。一

方「女子会」や「オフ会」などは、そのコミュニティに集まることが主目的であり、店に行くとこや食べることは副次的であるため「コト消費」と言える。「イミ消費」は、欧米で「エシカル消費※」と呼ばれる概念に近く、日本においては 2011 年の震災を契機として、他者支援や地域貢献などの意識が上昇している。また世界的な環境問題や経済格差などへの問題意識を持つ人も増え、「地球市民としての正しい消費の在り方を問う」という意識は高まっている。

　※エシカル消費（倫理的消費）エシカルコンシューマリズムとも言われ、社会・環境に配慮した消費行動を指す。ファッションや投資活動など対象とする範囲は広く、欧米では 2000 年代初頭より徐々に影響が高まってきた考え方である。

消費者が支持する「企業としての取り組み」

　商品そのものだけではなく、「イミ消費」的な価値観に基づくＣＳＶ、ＣＳＲ活動を行なう企業がリスペクトされていることにも注目だ。

　森永製菓は、「森永チョコレート〈1 チョコ for 1 スマイル〉」を 2014 年に発売しているが、これはチョコレートの売り上げの中から、主原料となるカカオ豆の産地の農家の自立支援、子供たちの教育支援のための寄付活動に充てるというもの。カカオ豆は生産地の多くが発展途上国で、児童労働などの問題を抱えていることが少なくない。生産する地域を支援することで、食べる人と作る人がつながり、幸せが溶け込んだチョコレートができる。同社のこうした活動はフェアトレードのわかりやすい取り組みだ。

　飲食店での取り組みを見てみよう。神奈川を中心に「はなたれ」などの居酒屋を展開する株式会社ファーストドロップ。同社の店舗では看板商品の一つとして「湘南生しらす」を提供しているが、海からいただいている恩恵をお返しし「綺麗な海を」「豊かな海を」未来に残す目的で「生しらすプロジェクト」を立ち上げている。

　このプロジェクトでは、湘南生しらすを使用した全商品の売上げの 1% を半年に 1 度、海に関する環境保護団体に寄付、あるいは、水産資源を増やす稚魚の放流事業といった活動に使用し、その活動を店頭、WEB サイトで報告している。

　同社は 2018 年度　居酒屋甲子園　全国大会というハレの舞台を経験した

が、壇上でプレゼンを行なっていた一人、「はなたれ」の女性新入社員の話が印象的だ。彼女は大学の海洋学部を卒業後、新卒で同社に入社。入社理由は、「自分は海が大好き。だから海を大切にしようと考えるこの会社の考え方に共感した」というのだ。

株式会社ファーストドロップ
ホームページより抜粋

こうした"イミ消費"的な企業活動は、顧客だけでなく従業員や関係者からの共感を呼んでおり、採用や定着にまでも影響を与えていることがわかる。商業的合理性や自己実現だけでなく、社会的な「イミ」を大切にする企業で働きたいという事例は、飲食店、外食企業にとって学ぶところが大きい。

3▶3▶2　外食「ならでは」の価値とは何か？

　外食／中食のボーダレス化が進み、グローサラント、イートインといった新たなスタイルや、キッチンカーの増加、Uber Eats など出前サービスが登場したことは第 1 章で述べたが、外食／中食相互からの市場進出は数年前から続いてきた。

　コンビニエンスストアの PB（プライベートブランド商品）は、テクノロジーの進化と大手企業の持つ調達力も相まって、各社非常に高品質の商品を提供しており、例えば惣菜やスイーツなどは数年前と比較しても、驚くほどクオリティが上がっている。

　こうした商品をお酒と共にイートインで楽しめる cisca（ミニストップ株式会社が運営するコンビニ＋カフェ＋イートインで酒も飲める業態）では、惣菜を温めて別の皿に盛り付けて提供するサービスを展開しており、これはもはや中食と外食の中間業界と言っても過言ではないだろう。

日本橋「cisca」店舗

冷えたグラス、盛り付けサービス、ボイル提供、水割りセット（有料）が用意されている

　また**成城石井**が運営するレストラン **Le Bar a Vin 52** では、1700 円で他店ではありえない質と量の大盛りの生ハムなどが提供されるなど、成城石井の目利きと調達力が外食に展開されている。

　外食事業者が提供する中食も多く登場してきている。例えば「**塚田農場**」が 2015 年にスタートした弁当事業が好調だ。運営する株式会社エー・ピーカンパニーは「塚田農場」を基幹ブランドとして展開する東証一部上場企業

成城石井 2F にある
麻布十番　Le Bar a Vin 52

生ハムとサラミ類6種盛り合わせ（1680円）

塚田農場「おべんとラボ」WEB サイト（2015年7月設立の子会社　株式会社塚田農場が運営）

JR 品川駅構内にある　塚田農場のお弁当店舗

であるが、この業態は自社養鶏場を設立した「生産直結」のビジネスモデルが特徴。これを中食である弁当事業に展開し、食材にこだわった、手作りの、クオリティの高い弁当を提供しているところが興味深い。

　このように外食と中食はますますボーダレス化することは間違いない。

　その中で外食はどんな「外食ならではの価値」を提供してゆくのだろうか？

第3章　外食の未来を考える　133

　結論から言うと、外食ならではの価値は、**メニュー（調理、提供方法）**、**食材の質**、**ストーリー**、**空間の魅力**、**接客**という5つの項目に分類できる。

図表 3-4

メニュー（調理、提供方法）	**レシピ、焼き方、作り立て、手作り、コース内容、食べ放題、盛付** **素人ではできない材料の調合や焼き方の技術。** 　ex）町中華　→圧倒的な火力で、家庭ではできない味を、 　　　　　　　　　　出来立てで食べられることが強み
食材の質	**食材のグレード、独自の調達ルート、料理人の目利き** 　ex）寿司店　→親方の目利きと仕入れのルート。 　　　郷土料理・各国料理　→その地域固有の食材 　　　漁師直結モデルや農場レストランなど
ストーリー	**料理・食材にまつわる伝統、伝承、こだわり、歴史・物語、食習慣** **社会貢献、店の歴史、シェフ／料理人の経歴** 　ex）郷土料理や漁師メシなど伝統的な料理方法や食べ方、 　　　特徴的な漁法・農法や、環境問題への取り組み、 　　　有名料理人の実績やファンの存在
空間の魅力	**非日常・・・ゴージャス、様式美、眺望、伝統、コミュニティー** 　ex）豪華な内装・調度品、歴史を感じる建物 　　　窓から見える夜景、横丁／コミュニティー 　　　空間を演出する音楽や照明など。
接客	**お客様のシーンに合わせた接客サービス** 　ex）接待、お祝い事、デート、おひとり様など、シーンに合わせ 　　　た、心地よく気が利いた接客。

　今、繁盛している店は、ほとんどが上記のどれかのキーワードに該当する特徴を持っていることに気付く。自分の店がどういう付加価値で「選ばれているのか」「選ばれたいのか」を、消費者の立場から「5つの価値の視点」で考えてみることを是非おすすめしたい。

「イミ消費」の視点から考えた、これから大切になる「価値」

　前述の「イミ消費」の観点で考えると、これからの外食では以下のような「価値」が大切になると考えられる。

「イミ消費」的価値のキーワード

1．健康維持、予防医学などに有効性がある（オーガニック、無化調、低糖質、低脂肪など）

　安全・安心は当たり前の価値として、栄養学的な効能を気に掛ける価値観

2．本物、老舗、鮮度、製造方法、栽培・漁法、調理技術などにおいて、他
　と圧倒的に差別化できる優位性・説明力をもっている。

　商業主義的に生み出されてきた「食」への反省から、「確かな品質」が求
　められる。

3．生産者支援、地域活性など社会貢献につながる特徴を持っている

「消費が誰かの支援につながる」という貢献感

4．地域の名産品や固有の食文化の伝承、季節の風物詩・祭事、食習慣・風
　習など

　食を文化として味わい、大切にするにする考え方

5．復興支援など社会的使命を帯びている性質のもの

　地域住民、日本国民、さらには地球市民としての正義感と貢献感。

　近年流行した「スーパーフード」や「塩麴」「ハイカカオチョコレート」
は１．の健康維持、予防医学。「高級食パン」「生レモンサワー」「熟成肉」は
２．の本物志向、など、ここ数年のトレンドの多くが上記５つの「イミ消費」
的キーワードに合致するのではないだろうか。流行やトレンドを表面的に見
るのではなく「消費者はどんな価値にお金を使っているのか？」という「背
景にある価値」をみることが重要で、店のターゲット顧客と照らし合わせて、
「どういう価値で他店と差別化するか？」という戦略に活かしていくことが
必要だ。

3▶3▶3　「同質化」が招いた生産性の低下

　人口増加、市場拡大という環境の1970年代であれば、消費が拡大する中
「繁盛店の模倣＝同質化」で業績を拡大することができた。しかしながらバ
ブル崩壊後の「失われた20年」の厳しい競争環境の中、「同質化」はかえっ
て生産性を低下させるメカニズムとして機能してしまったように思える。前
述の「居酒屋デフレ戦争」が典型的な例だ。厳しい競争環境の中、同質化が
価格競争を生み、価格競争に対応しながら新規出店など規模の拡大を求める、
結果、ＱＳＣ低下、満足度低下、業績悪化、従業員満足度悪化、という負の

スパイラルが回りだし、それは「生産性の低下」という結果に結びついてしまった。

図表 3-5

外食産業はこの反省を活かし、「儲かるフォーマットを模倣して拡大する」という 20 世紀型の成功体験ではなく、消費者が求める「価値」を提供し、価値に「ふさわしい対価をいただく」。そういう考え方に変わっていかなければならない。

3▶3▶4　エンゲル係数の上昇とシニア市場の変化

　消費者が求める「価値」は、ハレの日ニーズや趣味的な外食に求められるような高付加価値のものばかりではない。外食産業は生きるために必要な「食」を提供する産業としても、市場に向き合わねばならない使命を持っている。

　図表3-6は日本のエンゲル係数の変化だが、1980年代に30%近くあったエンゲル係数は下降を続け、2005年に22.9%と最低を記録。

図表3-6　日本のエンゲル係数推移

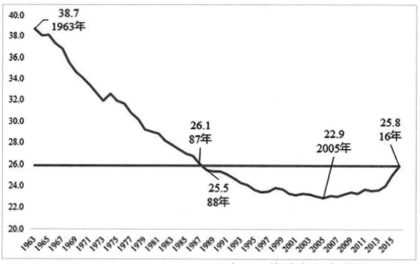

出展　総務省　家計調査

　以降上昇に転じ、2016年では25.8%と90年以来の高水準を記録した。家計の中での食費について、特に低所得者層の間で負担感が増してきていると思われるのだ。

　前述の「外食市場調査」で、「立ち食いのうどん、そば、ラーメン業態」で、60代男性が前年比124.2%　60代女性で前年比115.9%と高い数値がみられたように、高齢者の「孤（個）食市場」は広がる兆しが認められる。

　図表3-7は、三浦展氏が近著『下流老人と幸福老人』（光文社）に掲載された65歳以上の高齢者の年収別人口比のグラフ。収入以外にも資産額など

図表3-7　65歳以上の高齢者の年収別人口

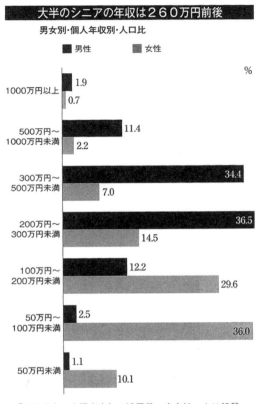

『下流老人と幸福老人』三浦展著　光文社　より転載

によって消費力は異なるが、大半のシニアの年収は260万円前後と低い。

　第1章でみたように、シニア市場は、2007年頃からの団塊世代のリタイア以降堅調さをみせてきたが、旺盛な消費意欲を持つ団塊世代も後期高齢者となれば消費パワーは確実に落ちてくる。このことによる市場の変化は、劇的かつ深刻なものとなる可能性がある。

　例えば、団塊世代が後期高齢者となってくると、介護を必要とする人も増加する。その子である団塊ジュニアは非正規雇用者も多く格差が大きい上に、親の介護による離職などが増える。こうした連鎖が増えれば団塊世代と団塊ジュニアという人口の2大ボリュームゾーンにおいて所得の低い世帯が急増

する。

　団塊ジュニア世代は、好景気の中で少年期を過ごした後、社会人となる時期を直撃したのは「就職氷河期」。大学を出ても正社員ではなくアルバイトや派遣労働者など「非正規雇用」として仕事に就いたものも多く、いわゆるワーキングプアと呼ばれる低所得者層となるものも存在する。こうした理由から、団塊ジュニア世代は所得格差が大きいと言われている。

「70年代のファミレスブーム」「90年代の居酒屋ブーム」そして現在の「ワインバルブーム」これらのブームの主役であった団塊世代、団塊ジュニア世代という2大人口ボリュームゾーンがこの10年で急変する可能性があり、それはマイナスの連鎖となって市場に大きな影響を与える可能性がある。

3▶3▶5　世の中の変化と外食の競争環境

　世の中の変化は、消費価値観の変化を生み、価値観の変化はニーズを変化させる。その変化を読み取った外食事業者が新たな価値を市場に提案し、業界の競争環境は変化してゆく。

図表 3-8　外食市場の競争環境

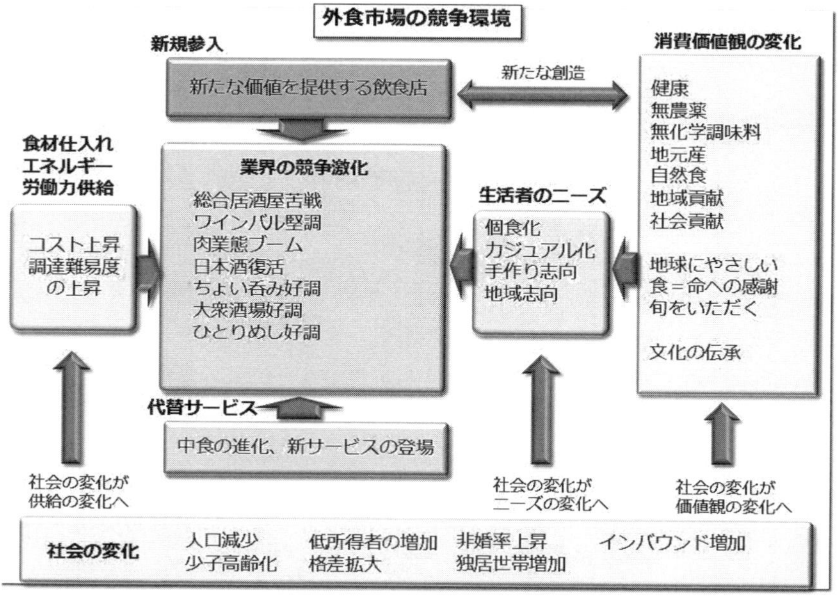

第3章　外食の未来を考える　139

　一方で世の中の変化は、労働力や食材、エネルギーという「供給」に大きな影響を与え、その変化が外食産業の経営に変革を要求する。

　図表 3-8 は代表的な競争環境分析フレームである「5 force」をベースに筆者が作成したものであるが、こうした相互影響の中で外食産業はこれまでの時代とは異なる競争環境に突入していく。

　社会の変化は、前述の「イミ消費」など新たな価値観を生み出し、それは新たな業態や提供方法を"創造"する「フロンティア的な飲食店」によって外食市場に参入を果たす。

　中食の進化、新サービスの登場は、外食／中食ボーダレスな競争環境をつくり出す。

　また社会の変化は食材仕入れや労働力の供給においてコストの上昇や調達難易度の上昇という形で経営に影響を与える。

　この図で申し上げたいのは、今見えている外食市場のブームやトレンドは、社会の変化が、さまざまな要素に変化を与えた「結果」だということだ。

　こうした競争環境の変化を「需要」と「供給」の関係で定義しているのが**ロイヤルホールディングス株式会社**だ。

3▶3▶6　「需要＜供給」──これまでと全く異なる競争環境

　ロイヤルホールディングス株式会社は、基幹店ロイヤルホストのリブランディングによるV字回復、中長期経営計画によって3年単位で売上・利益が増減するサイクル脱却を果たし、2013年外食アワード受賞している。

　同社が定義する「需要」と「供給」の変化による戦略の違いはこうだ。

　人口増加局面では、需要が供給を上回り、経営は潤沢な労働力のもといかに需要をスピーディに効率よく取り込むモデルを作るかが重要。一方、人口減少局面である現在においては、経営は需要よりもいかに供給を確保するかが重要だと説いている。

　人口減少局面の需要と供給の関係を前提に、同社では生産性の向上と付加価値の向上、グローバル対応が必要だとしている。

図表 3-9　今後のホスピタリティビジネスの産業化（仮説②）

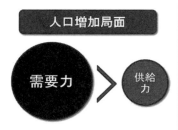

人口増加局面	人口減少局面
需要力 ＞ 供給力	需要力 ＜ 供給力（潜在成長力）
潤沢な労働力の供給があり、産業化におけるポイントは供給力ではなく、いかに需要を取り込むモデル（画一性・スピード・効率性）を構築するかに依存していた。	労働力確保が厳しくなり、かつ原材料確保が厳しくなる時代に突入し、産業化におけるポイントは需要から供給にシフトしていく。

図表 3-10

今後の需要と供給の動向を踏まえ　　ROYAL

需要
- 都市部高齢化進行
- インバウンドの持続的増加

供給
- 生産年齢人口の減少
- 若年層労働者（アルバイト）減少

1. 生産性（効率性）の向上
事業の根幹となる「ホスピタリティ」に直接影響しない部分の機械化・合理化を推進

2. 対価を頂けるホスピタリティのビジネス化
付加価値をより訴求し、お客様に正当な対価を頂けるビジネスモデルへの進化

3. グローバル対応
事業のアウトバウンドとインバウンド対応

3▶3▶7　外食産業を取り巻く機会と脅威

　概論的に、これからの世の中の変化について述べてきたが、外食産業に関わる方々の中にはさまざまな課題感をお持ちの方々がおられることと思う。

　そこで、外食産業の強みと弱み、機会と脅威についてSWOTフレームにてまとめてみた。

　外食産業はさまざまな業種・職種の人々＝ステイクホルダーによって構成される業界だが、これらの課題は、一つの会社や店舗が解決できるものではなく、すべてのステイクホルダーがそれぞれの課題に向き合い、力を合わせることで業界全体が変わっていくものだと思う。

図表3-11　外食・中食産業の強み／弱み、機会／脅威の整理

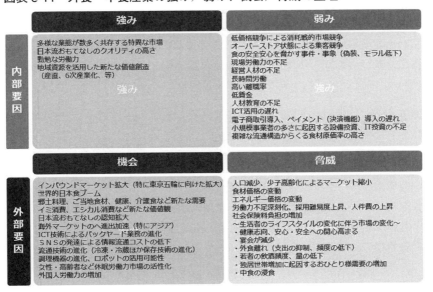

　こうした課題に対して、外食産業全体がどう取り組み、いかに発展してゆくかについて、続く第4章で掘り下げてみたい。

第4章

外食産業の進化に向けて
──遅れてきた産業革命を契機に魅力的な産業へ変身する

　サービス産業は日本のGNP、雇用の7割を担う産業である一方、中小零細企業の比率が高く、労働集約的で機械化やIT化が遅れているが故に、諸外国と比べて「生産性が低い」ことが課題と言われる。

　ここ数年、外食産業に向けた各種の支援サービスは、テクノロジーが進化し導入コストも下がったことにより急速に導入が進んでいる。生産性を一気に向上させる「産業革命」がようやく進みつつある。

　第4章ではこの「遅れてきた産業革命」をどうやって加速させていくか？という課題感を中心に、事例や考え方を紹介していきたい。

4▶1　そもそも「生産性」とは何か？

　政府はサービス業の生産性向上を2020年までに3％向上させるという目標を掲げたが、そもそも「生産性」とは何なのか？

外食産業の生産性向上の考え方

　生産性は一般的に下記のような方程式であらわされる。

$$生産性 = \frac{アウトプット}{インプット} = \frac{売上総利益（粗利）}{従業員数} = \frac{付加価値向上、新市場の開拓}{効率化、合理化}$$

4▶1▶1　20世紀に起きてしまった「負のスパイラル」

景気低迷の中での努力が付加価値を下げてしまった構造

　長く続く不況「失われた20年」の中、日本の外食産業は、分母にあたる

各要素の効率化・合理化を進め、伸び悩む業績の中で利益を生み出す努力を続けた。多くのチェーンが多店舗化による売り上げ拡大、厳しい価格競争の中での競争力の保持に努力を重ねた。

しかしながらその努力は一方で、分子である付加価値を削ってしまったのではないか？　そしてさらには、行き過ぎた取り組みは、偽装問題、添加物問題、品質低下、マニュアル化弊害、長時間労働など従業員の高い負荷といった事件・事象も生み出してしまったのではないか？というのが、現在多くの有識者が述べている見解だ。

図表 4-1　20 世紀に起きてしまった「負のスパイラル」

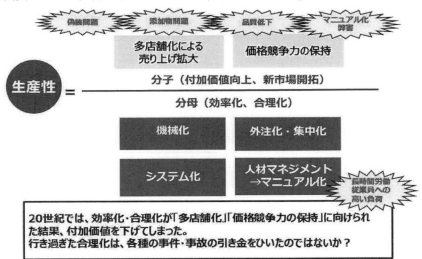

4▶1▶2　テクノロジーを活用して付加価値を高めることによる「生産性向上」

時代は変わった。テクノロジーが大きく進歩したことにより、テクノロジーをうまく活用すれば、効率を高めながら、同時に付加価値を高めることができる。

本書では、下記**図表 4-2** で、生産性の方程式を主なテーマに分解してみた。これを見ると各社・各店が抱える課題に接続しやすいのではないだろうか？

重要なポイントは、進化したテクノロジーを活用して、効率化・合理化だけでなく、「いかに付加価値を高める取り組みに接続できるか」だ。

そして、その付加価値とは、前出の5つの要素である。

図表 4-2 生産性の新たな方程式

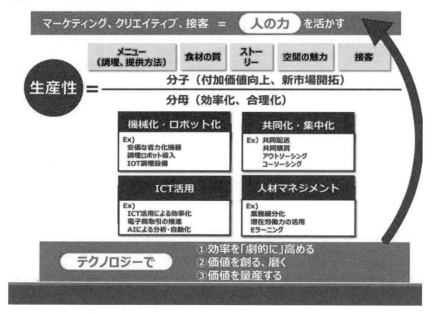

　事例を2つ紹介しよう。居酒屋などの業態を全国に100店舗ほど展開している**株式会社ダイニングファクトリー**は、POSレジアプリを導入して、レジ締めの時間短縮、予約管理の効率化という一次効果を実現したばかりではなく、全注文データから商品の併売傾向を分析し、おすすめメニューをパターン化して接客マニュアル「おすすめBOOK」を作成。これを活用する

図表 4-3 【事例】ダイニングファクトリー

ことによって客単価、顧客満足度を大きく向上させた。

　ロイヤルホールディングス株式会社が2017年11月に開店した研究・開発店舗「ギャザリング・テーブル・パントリー馬喰町店」。この店はキャッシュレスが話題となりニュース等をにぎわせたが、他にも「セルフオーダーシステムによる接客業務省力化」、「自社セントラルキッチンと最新の調理機器を使用し、火や油を使わずに、熟練の料理人を必要としないハイクオリティな商品の研究開発」、「厨房スペースをコンパクト化し、厨房ダクト等が不要になるために低投資で、物件選択の幅が広がる」など、生産性向上に繋がる各種の取り組みが凝縮されている。

　キャッシュレスによる「レジ締め業務削減」やセルフOES導入による「オーダー業務削減」は、効率化や労働時間対策という「分母」側の効果に思えるが、それだけではなく、スタッフが他業務やお客様との会話に時間をとれるなど「分子」側＝付加価値向上側の効果も上がっている。テクノロジーの活用を、QSC向上、満足度向上、さらには従業員満足度の向上など、正のスパイラルにつなげる「ヒトwithテクノロジー」が実現されており、生産性を向上させる次世代飲食店経営モデルとして、規模の大小にかかわらず大いに参考になる事例ではないだろうか？

図表4-4　【事例】「ギャザリング・テーブル・パントリー馬喰町店」の取り組み

同社発表資料より抜粋して著者が作成

同店の取り組みの目的、目指す姿について、同社会長（兼）CEOの菊地唯夫氏は次のように語っている。

　外食産業に関するテクノロジーの進化には目覚ましいものがあり、ギャザリング・テーブル・パントリーの取り組みは、テクノロジーを使って「働き方改革」と「生産性向上」をどうやったら実現できるか？を実験・検証することを目的としています。

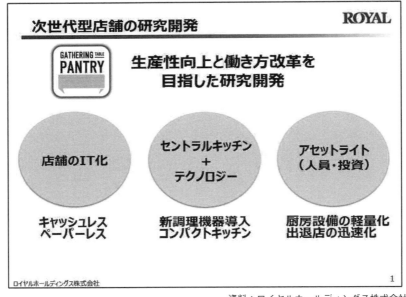

資料：ロイヤルホールディングス株式会社

　基本となる発想は
「人がやっても機械にやってもらっても同等の価値が生み出せるものはなるべく機械に置き換え、人は接客などホスピタリティ業務に集中する」というものです。
　テクノロジーの進化によって「機械が人の仕事を奪ってしまうのでは？」という議論がありますが、これは「人 or テクノロジー」という議論。
　外食産業がこれから考えていくべき世界は「人 with テクノロジー」であると思います。

第4章　外食産業の進化に向けて　147

　これは、テクノロジーを活用することによって、人がより価値を生み出すことに集中できる環境を作り出す、という意味になります。

　現場で働く人々の意見を聴くと、接客や調理などの業務にストレスを感じているわけではなく、こうした業務に集中したいのに、棚卸やレポート作成等の仕事にも追われることにストレスを感じるという声が聞かれます。機械化、IT化、AIなどテクノロジーを活用することによって、ストレスから解放してあげて、価値を生み出す仕事に集中できる……そういう実験をしたいというのがベーシックな考え方なのです。

　「お客様満足とは何か？」を考えてみると、それは二層構造になっていると考えられます。

　まず、「基礎的な満足」。これはメニュー通りのものが提供される、温かい料理は温かく、次の料理がタイムリーに出てくる、というもの。

　そして「付加的な満足」として、気持ちの良い挨拶、気配りあるサービスがあります。

　前者後者が両方揃うことによって満足度は大きくなります。「基礎的な満足」は絶対条件と言え、これなくして、後者だけではお客様満足はありえません。同店での取り組みは、前者にテクノロジーを活用し、後者に人が集中できる環境をいかに作るか？という実験と言えるのです。

　ホスピタリティというのは人間の感性が生かされる領域。笑顔や気づきなど、余裕があってこそ初めてできるものであると思います。

　テクノロジーを活用することによって、「基礎的な満足」「付加的な満足」の両方を向上させ、お客様に満足していただき、ふさわしい対価を頂戴できる、そのことが「生産性向上」につながるものと考えています。

　既存店との同店の店長業務比較データを見ると、店舗のマネジメント業務や会議研修により多くの時間を当てることができるようになっています。

　環境が整えば、時間ができることで、「何をするべき」「もっとこうしたい！」と考えるようになれる。自分自身の成長の為に、こんなことしてみたい、学んでみたい、という気持ちも湧き、会社の成長と自分の成長を見つめる視座も変わってくる、そういった効果を実感しています。

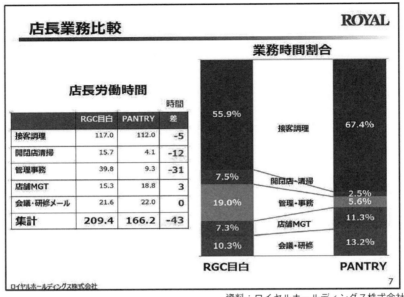

資料：ロイヤルホールディングス株式会社

　こういうことこそが、本来の「働き方改革」と言えるのではないでしょうか。

　一方、深刻な労働力不足の中、これからの外食産業で期待されているのが外国人労働力の活用です。
　ギャザリング・テーブル・パントリーに続いて、実験店舗として浅草に「大江戸てんや」をオープンいたしました。ここではユニバーサルキッチンと呼ぶ新たなシステム——お客様から受けた注文が、キッチンにあるディスプレイに「絵」で表示…例えば「えび」が何本とか盛り付け方が絵で表示される——、を導入しています。
　これであれば、日本語に不安がある、経験の浅い従業員でもキッチンに立つことが可能です。この取り組みは、外国人労働者との共生を進め、ダイバシティをサポートするものだと言え、日本人、外国人といった壁を超えたユニバーサルな「働き方改革」を推進するものだと考えています。
　日本の労働力不足はますます深刻なものになることが予想され、これからの日本の国際競争力を考えると、外国人労働者に「来てもらえる」

「迎え入れる」環境整備も重要になってきます。外国人労働者＝単純労働などという考え方ではなく、日本の外食産業で働くことが「楽しい」「勉強になる」「将来のステップアップに繋がる」そう思ってもらえるような環境を提供することが重要ではないでしょうか。

　これからの外食産業は、テクノロジーを活用していかに少人数で運営でき、かつ基本的なクオリティが高く、余裕を持って事業展開する、そういう産業に生まれ変わることが必須なのです。

　機械化、IT化というと大きな投資をイメージされる方も多いかもしれませんが、今のテクノロジーの進化は、コンパクトな投資で成果を期待できるものが数多くある。

　アイデアさえあれば、そのアイデアを形にするテクノロジーのテーマをどう見つけるかで、イノベーションに繋げられる。その意味では、規模が足かせになり難い中小の飲食店にこそチャンスがあるのではないかと思います。

「ギャザリング・テーブル・パントリー」「大江戸てんや」の取り組みだけでなく、多くの外食企業が、今先進的な取り組みにチャレンジしています。こうした取り組みを業界全体が共有していただき、サスティナブルで魅力的な新しい産業として進化していくことに役立てていただきたい、そう考えています。

取材：2018年11月　聞き手　竹田クニ

生産性向上のテーマは企業によってさまざま

　外食の生産性向上に対しては、「世界に冠たる日本の製造業のノウハウを生かすべきだ」「おもてなし力の向上のための人材育成が重要だ」「ＩＴ化の推進だ」と有識者によっても色々と論点があるようだ。そのどれもが重要なのだが、この議論を複雑にしてしまっているのは、外食産業が業態や企業規模、企業の成長ステージなどによって次のように課題感が異なるからだ。

・企業の規模、業態により必要となる機械化、IT化のテーマと規模感が異なる

・まとめて調理・製造を行なう中食と、注文を受けて調理を行なう外食では課題が異なる

・労働集約的で非効率に見える「手仕事」が、逆に付加価値を生む業務が存在する
例）「串うちや焼き工程など手作業による調理」「手書きでおしながきを書く」など

生産性向上に繋がる「分母」側の取り組み

　図表 4-1 で示したように、生産性向上は、分母への取り組みを、分子である「付加価値向上」や「新市場開拓」に繋げることが重要である。

　そのことを念頭に置きつつ、分母側の各要素……「機械化・ロボット化」「共同化・集中化」「ICT 活用」「人材マネジメント」の 4 分野それぞれの取り組みについて考えていきたい。

4▶2　その「価値」は「人」が生み出しているのか？──機械化、「ロボット化」による効率化と付加価値向上

　2016 年初頭に ORA（大阪外食産業協会）主催で行なわれた、ロイヤルホールディングス菊地会長の講演で、同社傘下の天丼「**てんや**」の生産性向上について同氏はこう語っている。

「『てんや』のように機械化しても価値が毀損しない業態は、積極的に機械化していくことで付加価値を上げていく」

　同店の天ぷらは、オートフライヤーと呼ばれる自動揚げ機械に、注文順に天ぷらを投入し、ラインの末端では、安定した油温のなかで揚がってきた天ぷらが丼、あるいは定食にセットされ提供される。

　仮にこの工程を全て人手でやったとして、顧客評価は上がらない。

　駅前や商業地域に多く立地する「てんや」は、リーズナブルな価格でおいしい天ぷらを、手軽、気軽に楽しめ、一人でも安心して入れ、仕事途中の営業マンや短い休憩時間で食事を済ますのにも便利……それが消費者からみた「価値」である。丁寧に人が手で上げた天ぷらは、それはそれで価値があるが、それで時間がかかったり、価格が上がったりするのであれば、それは消費者が「てんや」に期待することとは異なる。「機械化しても価値が毀損し

「てんや」のオートフライヤー

ない」というのはそういう意味だ。

「てんや」は大手チェーンだが、「それは大手の話でしょ？」と言うのではなく、考え方を是非参考にしたい。

第2章、第3章で「消費者から見た『価値』は何か？」を論じてきたが、その「価値」を増幅あるいは維持しながらどう「効率的に生産」していくか？の考え方は、企業規模に関係なく参考になるのではないだろうか？

例年開催される外食向けのビジネスショーでは、厨房機器やITツールなど、小規模店舗向けの製品も数多く発表されているが、こうした機器の導入を促進するために、各省庁、自治体では補助金など数多くの支援制度が用意されている。

こうした支援策を積極的に活用し、小規模事業者も生産性向上を加速させていきたい。

4▶3 遅れてきた「産業革命」
──「ICT活用」で飛躍的に効率が上がる

IT化が遅れているといわれる外食業界も、特にタブレット端末の登場を

契機に飲食店の各種業務を支援するサービスが次々と登場し、急速に導入が進んでいる。2015年以降、外食業界は生産性の向上が一気に進む歴史的転換期＝産業革命を迎えているといってよい。

目立ったところでは、タブレット型POSレジ、FL管理、会計システム連携、予約管理や顧客管理、スタッフのシフト管理など労務管理業務などの分野で、各種のサービスが数多くリリースされ、導入が進んでいる。

4▶3▶1　バックヤード業務の「４つの業務領域」×「現場」「経営」の２つのレイヤーで多様なサービスが登場

外食産業でもっとも「労働集約的」と言われるのは店舗のバックヤード業務であろう。図表4-5は「月刊飲食店経営」2015年11月に筆者が寄稿した図であるが、飲食店のバックヤード業務は大きく分類すると、「業績管理／売上管理」「採用・労務管理／シフト管理」「販促・顧客管理／予約管理」「食材調達・原価管理／発注・補充」の大きく４つの分野に分けられ、さらに各々の領域で「店長やスタッフが行なう業務」「管理者・経営者が行なう業務」のレイヤー（階層）に分かれる。

図表4-5　外食産業のバックヤード業務「IT"産業革命"」

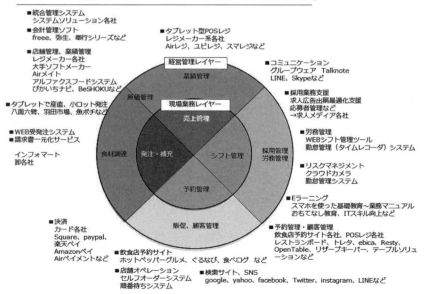

4▶3▶2　領域・レイヤーをまたぐシステムをどう作り上げるかがカギ

　これらの業務領域は互いに連動、作用しあうことから、自社の課題に合った連動・拡張性のあるシステムをどう作り上げるかが重要と言える。

　以下、**図表 4-5** に従って領域ごとに簡単に解説したい。

〈販売促進、顧客管理〉──ネット予約を契機に進化が加速

　2014 年が「ネット予約元年」と言われたように、グルメサイト上でのネット予約は一気に一般化した。

　これを契機に、予約管理、顧客管理、さらには SNS、動画サイト、インフルエンサー etc. 各種のメディアやテクノロジーを販売促進につなげるという進化が急速に進んでいる。

　また顧客情報と予約システムを連動させ、来店回数、さらには POS レジデータで前回来店時の注文履歴を接客に活かすなど、集客だけでなく満足度向上、リピーター化促進につなげる戦略的な使い方が急速に進化している。

　こうした進化はまさに、テクノロジーの活用で、店の価値向上に繋げる取り組みと言える。

　販売促進はインターネット活用が進んでいる分野であるが、これについては第 2 章で詳しく述べているので参照されたい。

〈発注・仕入れ〉

　飲食店の発注業務は、FAX・電話が使われている店舗も多く、この領域は電子商取引インフラなど IT 活用で大きな進化が期待される分野。

　また、納品書や請求書の情報を入力するサービスなどアウトソーシングサービスの活用も、労働集約的なこの分野には有効と考えられる。

─発注、請求処理を WEB 上でまとめられるサービス

　多種の請求書をバラバラに処理せねばならず、また WEB 発注も業者により対応がまちまちなど、労働集約的な業務となるのがこの領域。例えば株式会社インフォマートでは、こうした問題を解消する「WEB 受発注プラットフォーム」「請求書一元化サービス」などを提供しており、大幅な業務効率化が期待できるほか、業務管理システムとの連携によってクロス ABC 分析

や原価管理の高度化、食材ロスのマネジメントのレベルアップなども可能だ。

〈WEB受発注、請求書一元化のメリット〉

1. 仕入金額の早期確定
2. 買掛・請求のデータ化で入力業務を大幅削減
3. 早期に正確な棚卸高が確定
4. リアルタイムで仕入れ状況を把握
5. スマホ、タブレットは場所・時間に制限されず業務が可能

―タブレットで細やかな発注に応えるサービスの登場

　食材発注においてもWEBで発注を受付し、しかも小ロットに対応するなど小回りの利く事業者が増えている。例えば、鮮魚を産地直送あるいは築地から小ロットにも対応できる「八面六臂」「魚ポチ」「羽田市場」といった新たなプレーヤー達だ。

〈労務管理〉

　労務関連も業務効率化の高い効果が見込める領域だ。

　アルバイト・パートのシフト管理は、一人一人から希望シフトを募り、一覧化して再連絡、繁閑に合わせた調整と急なヘルプ要請etc、現場の店長にとって非常に手間と時間がかかる業務だが、タブレット端末、スマートフォンの普及により一気に便利になった業務分野の一つだ。

　株式会社リクルートジョブズが提供するシフト管理ツール「シフオプ」の例では、ある大手チェーンのカフェ業態の場合「シフト申請～一覧化～調整～確定シフト表作成～確定連絡」に至る業務は、システム導入によって1カ月あたり約26時間かかっていたものが、約7時間に改善（約19時間、72％削減）するなど劇的な成果が上がっている。

　店長業務の中でも負荷が高い業務が効率化されることはスタッフにも経営にとってもメリットが大きく、まさに「三方よし」の取り組みと言える。

―シフト管理システムのメリット

スタッフ	スマホで簡単に希望シフトを入力・送信
店長など管理者	シフト一覧化が簡単に早くできる
	確定シフトを一括送信、調整が必要な場合に該当スタッフへ一斉にお知らせ

繁忙時や急な欠勤などのケースにはヘルプ要請を一斉配信するなど
管理者／経営者　不足／過剰状況の把握、売上／人件費分析
超過勤務、勤務時間制限のアラート機能による労務リスクヘッジなど

〈事例〉シフト管理業務を7割削減

　カフェ業態のA社では、それまで70名のアルバイターに対し、電話とメールで希望シフトを集めた後、表計算ソフトでシフト表を作成。確定連絡、ヘルプ要請などを行なっていたが、シフト収集だけで10時間、シフト表作成で14時間を要していた。シフオプ導入後は、シフト収集時間が実質ゼロ。シフト表作成は半分の7時間に圧縮。一連の業務トータルで26.4時間要していたものが7.5時間へと72%の業務時間削減に成功している（図表4-7）。

　導入コストは非常に低く、初期費用0円、1ユーザーあたり月額300円と安価だ。

　シフト管理は手作業で行なうと大変に手間と時間のかかる作業。忙しい店長にとってはこの時間を他業務に充てられることから、その効果は削減時間以上のものだ。スタッフにとっても、スマホから簡単にシフト申請が行なえ、またヘルプ要請などに対する対応にも便利なことから労使双方にメリットが大きい。

　またこのシフオプでは、業務時間のアラーム機能を備えており、長時間労働の抑止や扶養控除内で働きたい主婦層の勤務時間管理など労務管理にも対応している。

図表4-6　「シフオプ」による業務効率化

資料：㈱リクルートジョブズ

図表 4-7 〈事例〉 カフェ業態 A 社

・在籍人数　約 70 名
・表計算ソフトでシフト表を作成
・シフト希望を紙やメール・電話で集めていた
・シフトが足りない時の空き時間の確認は電話

シフオプを利用することにより、
シフト希望収集や変更連絡などの
煩雑なやりとりが効率化しました。

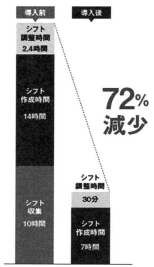

資料：㈱リクルートジョブズ

－タイムレコーダー、クラウドカメラ

　タイムレコーダー機能は、正確な入退店時間の記録だけでなく、他システムとの連動により、給与データ、売上／人件費の分析など集計業務を効率化、さらに超過勤務、上限労働時間のアラート機能で労務リスク回避にも効果的である。

　クラウドカメラは、以前よりも安価に設置が可能になり、不正を「抑止する」ためのシステムとして活用が進んでいる。

－グループウェアの活用でコミュニケーションアップ

　業務日報など日次の連絡のほか、掲示板機能を使った現場改善アイデア募集など、職場活性化のためのコミュニケーションチャネルとして活用している企業も増えている。

　また、経営者と従業員が語り合えるフォーラム的な運用で、ビジョン・ミッションの理解浸透を促すといった活用も有効だ。

－E ラーニング

　スマホで動画が閲覧できることから、ここ数年で一般化。また E ラーニ

第4章 外食産業の進化に向けて　157

ングのプラットフォームも安価なものが登場してきている。本部と現場が物
理的に離れるという泣き所をもつ飲食業には非常に有効なツールと言え、調
理・業務マニュアル、衛生管理はもちろん、理念・ビジョン・ミッション浸
透から、中堅メンバーのリーダーシップ・コーチング力開発など、多様な活
用が期待される。

〈業績管理、会計管理〉

ータブレット型 POS レジ

　タブレット型 POS レジは、従来型に比べてコストが低くなることが大き
なメリットだが、備えている機能や拡張性、レジ以外の他システムとの連動
性などが各社で大きく異なるので、導入目的に合わせて検討をすべきである。

ー業績管理、会計システムとの連携

　レジと合わせてもっとも活用されているのが業績管理システムや会計シス
テムとの連携。

　日次月次のレポート作成が劇的に短時間で済むだけでなく、予約傾向や注
文履歴の分析など、より高度な分析を行なうことが可能で、特にこうした業
務になかなか取り組めてこなかった中小零細事業者には朗報と言えるだろう。

ー決済

　モバイルペイメント各社では割安な手数料を提供しているほか、タブレッ
ト型レジと、決済サービスを合わせて利用することで、「テーブルでのカー
ド決済が可能になる」あるいは「電子マネーはランチ時など支払いが集中す
るときの効率化が図れる」など、店舗オペレーションの効率アップにも有効
だ。

　また昨今増え続ける外国人観光客は概してモバイル決済の利用度が高いこ
とから、集客戦略としても効果的と言える。

〈事例〉 多様なプロダクトの連携で、生産性向上をサポート── Air マーケット

　株式会社リクルートライフスタイルが提供する Air マーケットでは、多様
な飲食店向け IT ソリューションを提供している。

　タブレット型の POS レジ「Air レジ」は、使用料が無料でコストセーブ

が可能であるほか、会計ソフトとの連動など、主に小規模〜中規模の飲食店にとって使いやすいものとなっている。

　また「Air ウエイト」と呼ばれる順番待ちシステムは、お客様がバーコードを使って登録するだけで、行列に並ばなくとも順番待ちをすることができ、入店可能時間になったことを知らせてくれる便利なサービス。行列待ちで離脱するお客様を防止でき、お客様も並んでいる時間を他のショッピングなどに充てられる、双方にとって便利な仕組みだ。

　ネット予約に関しては、2016 年 4 月に新たに「レストランボード」と呼ぶ飲食店専用の予約管理アプリをリリース。ネット予約については第 2 章にて詳述したが、より戦略的な予約マネジメントに対応した業務を行なうことができる。

　これら以外にも、Air マーケットでは**図表 4-8** に見られる飲食店のバックヤード業務に貢献する多様な事業者のサービスをまとめて提供している。

　㈱リクルートライフスタイルでは、これらの様々なサービスが、シームレス（継ぎ目なく連携して）に使える世界を目指しており、機械（IT）が出来ることは機械（IT）に任せ、人でしかできないことに人が集中できる――外食産業にそんな魅力的な進化をもたらしたいと考えている。

4▶3▶3　「機械でできることは機械に」「人でしかできないことは人に」

　IT 化はこのように、労働集約的だったバックヤード業務を劇的に効率化する。

　機械に任せて効率が上がった分、人は人でしかできない業務に注力をすることができる。

　例えば、原価管理、仕入発注管理、労務管理の効率化とレベルアップを実現しながら、クロス ABC 分析や日時 FL 管理、KPI の予実管理などより高度な分析へチャレンジする、あるいは来店回数、注文履歴などから、ターゲット別の注文傾向や、来店動機の分析を通じて、商品開発、PR 戦略、人材教育・採用を考える……人でなければできない創造的な仕事により注力できるようになる。

　このことは外食産業で働くリーダクラス、マネジメント層にとって新たな仕事の面白さや成長テーマを提供できるともいえるのではないだろうか？

　ICT 活用は効率化のためだけではなく、**人でなければできないクリエイ**

第4章 外食産業の進化に向けて　159

図表 4-8　㈱リクルートライフスタイル「Air マーケット」が提供する業務領域

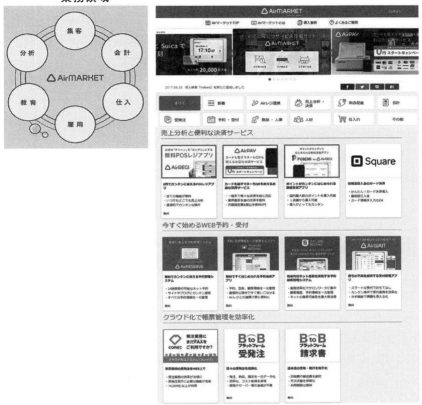

㈱リクルートライフスタイル　「Air マーケット」WEB サイトより抜粋

ティブでやりがいのある仕事への「イノベーション」を支援するものなのである。

「現場が使いこなせない」は本当の課題か？

　新たなツールを導入することによって現場のオペレーションが乱れ、ひいてはお客様の不満を誘発するのではそもそも導入は逆効果。慎重に考えたい経営者も多いことだろう。

　「**店長の平均年齢が高くて……**」「**アルバイトが使いこなせない……**」新たな仕組みを導入する前には必ずそういう声が聞かれるが、率直に言えば、「現場が使いこなせないのでは？」という懸案については、経営陣が考えるより早く慣れて解決してしまうことがほとんど。

　ホテル・旅館業界でも、ネット予約が登場した頃には、同じように「この業界はパソコン苦手な人が多くて」という声が当初多く聞かれたものだが、今や山奥の温泉旅館でもネット予約に対応していない宿はごく少数だ。

　慣れるのに多少の個人差はあるとしても、ネットでホテルや飛行機を予約し、SNSを使いこなし、ショッピングをする人々が使いこなせないはずはないのである。

ICT活用は「手段」。「目的」をいかに達成できるか

　ICT活用によって飲食店の業務は劇的に効率があがるわけだが、そのこと自体が目的ではない。本来の「目的」は、自社の強みに経営資源を集中させ、付加価値を高めることにある。ITはあくまで「手段」として、各店の導入「目的」に応じて、それぞれの業務領域の連携などに留意し、導入を進めることが肝要である。

　例えば、ネット予約では、「紙」の予約台帳をただWEBに置き換えるだけではなく、受電業務の削減効果や、グルメサイトへの在庫の出し方、現場で席結合をパターン化するノウハウの確立、顧客管理との接続で接客のレベルアップなどをぜひ合わせて狙いたい。

　セルフオーダーシステムはスタッフの業務削減効果が高い一方で、お客様とのコミュニケーションが減ったり、おすすめ商品の注文や追加のオーダーが減少する懸念を持つ経営者が多いと思う。しかしながら、前出のロイヤルホールディングス（株）の「ギャザリング・テーブル・パントリー馬喰町店」の事例のように逆に付加価値向上につなげているケースもある。

　このように飲食店のICT活用は、経営として何を「目的」に、何を「課

題設定」するかによって選ぶ選択肢が大きく変わってくる。

図表4-5（152頁）の4つの業務領域は各々が独立しているのではなく互いが相互に関連する。したがって個々のシステムの価格や機能差だけでなく、導入の「目的」を見据え、各領域の連携を視野に入れた選択が重要だ。

各サービスを提供する事業者は飲食店がスムーズにシステムを導入できるよう支援・サポートを行なっているが、自社の導入「目的」をしっかり共有・ディスカッションし、目的に適した取り組みとなるよう事業者とのパートナーシップを築いていただきたい。

そして経営者の皆様には、導入の「目的」を明確に発信し力強く自ら旗を振っていただきたいと考えている。

4▶4 共同化、集中化——官民で取り組むべきニッポンの課題

流通……産業全体の大きな課題

テクノロジーだけでは解決がつかない分野もある。仕入れは「スケールメリット」がものをいう分野である。食材の流通は、従来の流通では、構造的に小ロットのものは流通コストが高くつくというのが宿命。地域の魅力的な産品を使いたくても、「欲しいが高い」「安定しない」これは多くの飲食店経営者、料理人の切実な思いだ。

産地直送や自社農場化、六次産業化などなど様々な取り組みが登場しているが、依然としてこの課題感は大きい。

流通の問題は外食産業全体の大きな問題であり、諸法規、規制緩和を含む産業の構造改革が必要だ。従って官民が力を合わせて実現していく分野であり、各種業界団体や組合などを通じて積極的な要望、課題提起が継続的に必要である。

具体的には、以下のような取り組みが考えられる。

・小規模事業者が小ロットで購入できる仕組みやビジネスモデルの活用と進化

　例）羽田市場、八面六臂、魚ポチなど、ＩＴを活用した産地直結、中間流通をカットした卸売事業者

・物流の共同化によるコスト低減

小規模生産者が小ロットでも産品を流通に乗せられる仕組みづくり、デリバリー事業者、コンビニや介護事業者が展開する宅配や巡回サービスの共同利用など
・中間貯蔵センターの拡充と空きトラックの利活用促進
流通のハブ的拠点の貯蔵機能を拡充し、混載や空きトラックとのマッチングを進めることにより安価な流通を実現する。

また、外食産業は、「地方創生」への役割と期待が大きい。
地域の食材を使用することが一次生産者や加工品製造業の活性化につながることは勿論、地域の優れた産品の「価値」を高く販売し、飲食店も付加価値の高い商品で相応の対価と顧客満足につなげることができる。
「価値」を高く売るためには、ストーリーが大切で、エンドユーザーに対する「食」の語り部としても外食産業の役割は大きい。
こうした地域と外食産業が相互に進化のサイクルを回していく取り組みは"ニッポン"の課題と言え、個別の企業の努力だけではスピードがあがらない。
官民一体となったイノベーションが必要な領域といえる。

積極的な外注活用で効率とクオリティを磨く

集中化の一つとして考えられるのが外注化だ。
20世紀の考え方で言えば、外注化は「効率化」の色合いが強かった。しかしながら近年の中食のクオリティ向上に見られるように、食品メーカーの製造技術は大きく進化しており、積極的に外注化することで効率だけでなく、品質向上、安定供給が可能になる。
図表 4-9 は、飲食店店舗での食材納品〜調理〜提供の流れを簡略化したものだが、進化した工場のテクノロジーを活用して外注比率を上げ、調理工程を短縮化することができないか？　言い換えれば、クオリティ向上のために、優秀な食品製造メーカーの技術を活用できないか？という提案だ。

図表 4-9

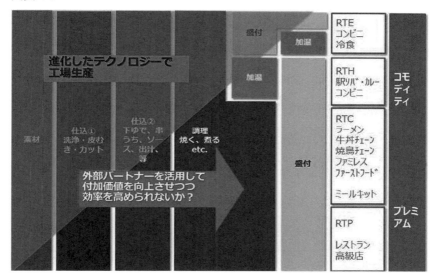

事例）ソースをメーカーと共同開発

　ナチュラル系イタリアン「トスカーナ」やイタリアン酒場「東京ミート酒場」などを展開する（株）**イタリアン・イノベーション・クッチーナ**では、看板メニューである「日本一おいしいミートソース」に使用されるミートソースを、従来は店舗で約10時間をかけて仕込を行なっていた。ミートソースのベースとなるデミグラスソースを、効率化のために汎用品で代用するのではなく、レシピをメーカーに公開し、共同で開発することにより、店舗で納得できるクオリティと安定的な供給体制も実現。仕込に要する時間は90分に短縮され、効率化とクオリティ UP ＝生産性向上に繋げた。

　同社は首都圏に17店舗を展開しているが、この取り組みにより、より積極的な出店が可能になったと聞く。

　外注にただ委託するのではなく、巻き込んで共同開発するこの事例は、こだわりを強く持った飲食店と日本の優秀な食品製造メーカーとの協働のあり方として多くの飲食店の参考になるのではないだろうか。

図表 4-10　外注加工度を上げて、効率と付加価値を同時に UP

4▶5　経営課題として重さが増す「人材マネジメント」
　　　——休眠労働力、外国人労働力の活用

　第1章で見たように、日本の労働人口、特に若年労働人口は年々減少し、既に飲食店のアルバイト、パート採用は完全な売り手市場。外食業界はかつてない求人難が続いている。

　この厳しい採用環境から、中高齢者や外国人を積極的に活用し成果を上げている例も目立ってきた。

　日本の労働力は絶対数が減少を続け、2020年には34歳以下の若年労働力は日本の労働人口の約1／4にまで減少し、55歳以上のシニア層は労働力人口の約1／3に届く（**図表4-11**）。外食産業は、若年労働力に依存せず、中高齢者、外国人の雇用をより積極的に進めねばならない状況にあることは間違いない。

図表4-11　労働人口全体の減少と、若年層の減少・シニア層の増加

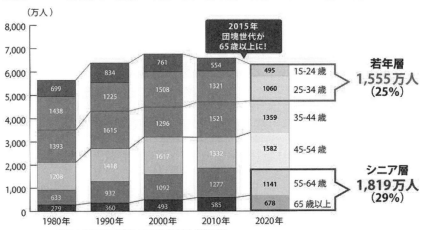

資料：㈱リクルートジョブズ

図表 4-12　女性の雇用（M 字曲線）

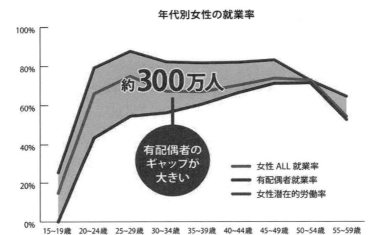

図表 4-13　主婦が「働きたくても働けていない」理由

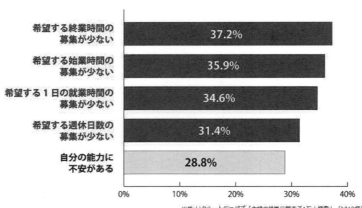

一方、女性の雇用は「M字曲線」と呼ばれる**図表4-12**に示すように、ミドル層、未就業主婦という「休眠労働力」の活用がまだまだ進んでいないのが現状だ。

現在の女性ミドル層は、例えば47歳（1970年生まれ）は、男女雇用機会均等法（1986年）が施行された後に社会人デビュー。90年代半ばに結婚、現在においては子育てが一段落しており、社会復帰意欲を高く持っている人が多い。

ところが企業側の時間、日数の条件がマッチせず、思うような仕事につけていない人が多いのだ。

4▶5▶1　ありのママ採用

今の主婦層は会社員として働いていた経験者が多く、高いスキルやリーダーシップを発揮してくれる人材も少なくない。アルバイト・パートの採用支援サービスを展開する株式会社リクルートジョブズでは、主婦層の積極活用事例を「ありのママ採用」と呼び注目している。

ミドル層主婦は、均等法世代であることから、社会人経験があり、また家事や育児経験からくる「気配り」「目配り」ができ、人生経験からくる「場

図表4-14　ミドル層主婦のチカラ分析

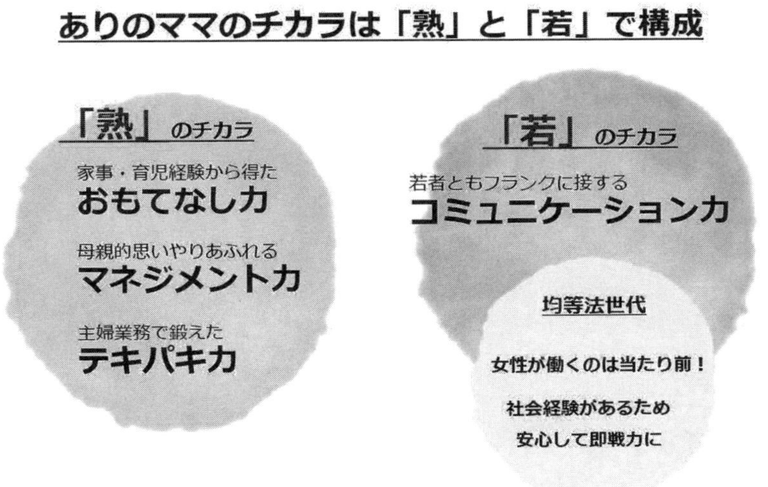

ありのママのチカラは「熟」と「若」で構成

「熟」のチカラ

家事・育児経験から得た
おもてなし力

母親的思いやりあふれる
マネジメント力

主婦業務で鍛えた
テキパキ力

「若」のチカラ

若者ともフランクに接する
コミュニケーション力

均等法世代

女性が働くのは当たり前！

社会経験があるため
安心して即戦力に

資料：㈱リクルートジョブズ　2014年　トレンド予測

図表 4-15　ありのママ採用の効果

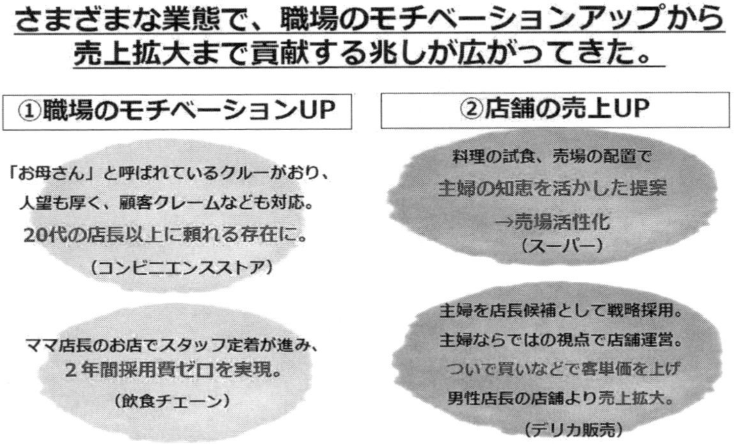

さまざまな業態で、職場のモチベーションアップから売上拡大まで貢献する兆しが広がってきた。

①職場のモチベーションUP

「お母さん」と呼ばれているクルーがおり、
人望も厚く、顧客クレームなども対応。
20代の店長以上に頼れる存在に。
（コンビニエンスストア）

ママ店長のお店でスタッフ定着が進み、
2年間採用費ゼロを実現。
（飲食チェーン）

②店舗の売上UP

料理の試食、売場の配置で
主婦の知恵を活かした提案
→売場活性化
（スーパー）

主婦を店長候補として戦略採用。
主婦ならではの視点で店舗運営。
ついで買いなどで客単価を上げ
男性店長の店舗より売上拡大。
（デリカ販売）

資料：㈱リクルートジョブズ　2014年　トレンド予測

を読んだコミュニケーション」が職場の潤滑油的役割を果たすなど、他世代と比較しても戦力として活躍している事例が増えているのだ。

「ウチの店は若い子が中心だからアルバイトは若い人のほうがよい」などと、習慣的に採用対象を若者に決めてしまっている店は少なくない。今一度、こうしたミドル層主婦の活用を検討してみてはいかがだろうか。

4▶5▶2　プチ勤務

　1日1〜3時間程度の超短時間の労働が成果を上げている。求人メディア「タウンワーク」では週1〜2日、1日3時間以内の短時間労働の募集が急増しており、㈱リクルートジョブズでは、こうした短時間勤務の労働を「プチ勤務」とよび、その活用に注目している。

　この「プチ勤務」は、企業側が業務とシフトを細分化することにより、主婦や高齢者などさまざまな事情を持つ人々に働きやすい労働条件にマッチングさせるものだ。

　「プチ勤務」で活躍するのは主婦層やシニア。シニアには主婦層とは異なる特有の事情がある。シニアの働きたい理由をみると、収入を得ること以外に、「仲間を得る」「生きがいを得る」「社会に貢献したい」など、社会とのつながりを求める動機が少なくない（**図表 4-17**）。

経済的な動機だけではなく、精神的な充足感を求める「プチ勤務者」に対しては、企業側のマネジメントも変化が必要だ。自分のペースやスケジュールで無理せず働きたいシニアに、業務時間の延長や勤務日数の増加などを要望することは本人の希望がない限り避けるべきだろう。それゆえ業務の繁閑に対応するためには店舗側ではより多い人数のプチ勤務者のシフトをマネジメントするオペレーションが必要で、シフト管理ツールなどを活用し効率化

図表4-16　シフトの細分化・業務の細分化で「超短時間勤務」を生み出す

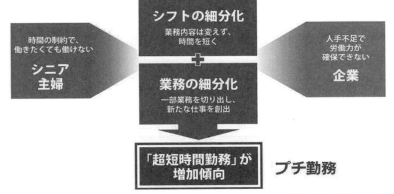

資料：㈱リクルートジョブズ

図表4-17　シニアの「働きたい」理由

働きたい理由には「つながり」「生きがい」も

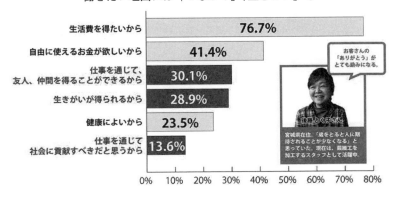

出典：内閣府「高齢期に向けた【備え】に関する意識調査」（2013年）
※対象は35歳から64歳までの男女のうち、60歳以降も収入を伴う就業意向がある者

資料：㈱リクルートジョブズ

を図っていただきたい。

〈事例〉㈱ドン・キホーテ

㈱ドン・キホーテでは、商品陳列業務を開店前に切り出し、早朝2時間だけ勤務するシニアに任せることで、既存のスタッフが別の業務に集中できる改革を行なった。働くシニアも社会接点と仕事ができる喜びが得られているようだ。

図表 4-18 〈事例〉 株式会社ドン・キホーテ：業務の細分化

店舗スタッフの一連の業務を細分化し、営業時間中の商品陳列業務を切り出し開店前へ移動。特定の1人が短時間でも対応できる個別業務へ

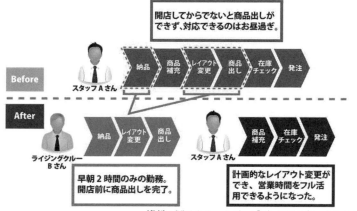

資料：㈱リクルートジョブズ　2015年　トレンド予測

プチ勤務は、異なる時間と業務を持つ人々が連携した新たなチームワークを創ることが必要なために、プチ勤務者の働く動機への理解や、シニア＝年長者に対する一定のリスペクトなど、既存従業員の意識変革も必要である。プチ勤務者を含む新たなチームワーク創りに成功した企業では「子や孫世代が一緒のチームに家族的な雰囲気が生まれた」「相手の立場に立った柔和なコミュニケーションで現場の雰囲気が良くなった」などというプラスの効果の報告も多いことは注目だ。

図表 4-19 〈事例〉 株式会社ドン・キホーテ
散歩がわりの「朝の超短時間勤務」をエンジョイ

ライジングクルー Aさん(69歳) 週3回 早朝2時間の勤務		店長Bさん 売上増 職場が和やかに 顧客満足度向上
40年間ずっと主婦。この年齢で、しかも未経験なので、採用していただけるとは思っていなかった。	Before	200人以上が働く職場で、名前も顔も知らない人たちがたくさんいて、挨拶が少なかった。
週3回、早朝2時間のみで商品出しを担当。働ける場所があるのは本当に幸せ。仕事を通じて体が丈夫になったし、ほどよい緊張感を楽しんでる自分が好き。	After	自然と挨拶する風土ができ始め、若い世代にも良い影響が出ている。午前中のシニアのお客様も増え、売上も上がっている。

資料：㈱リクルートジョブズ　2015年　トレンド予測

プチ勤務で付加価値を上げる――株式会社鳥貴族

　外食産業でプチ勤務的事例として知られているのは、2016年4月に東証一部に指定された株式会社鳥貴族の「串うちだけで短時間働いてもらうパート」の存在だろう。

　鳥貴族の串うちの勤務時間は11:00~16:00であるが、業務細分化の発想としては「プチ勤務」的だ。そして興味深いのは、「国産国消」「店で丁寧に串うち」を謳う同店では、「プチ勤務」が付加価値を生み出しているところだ。

　鳥貴族の串うちの事例は、前述の「てんや」の機械化の事例と対比するとさらに興味深い。

　鳥貴族では串うちをあえて手作業で行なうことで**「店で丁寧に串うち」**という**「価値」**を創出している。

　対して「てんや」は**機械で天ぷらを揚げる工程を効率化**し、**「早くてリーズナブル」**という**「価値」**を創出している。

　この2社の取り組みは、それぞれが「価値」を創出することで生産性を向上させているのだ。自店の「顧客価値」を高める取り組みとして、この2社の対照的なアプローチは非常に参考になるだろう。

「国産鶏肉」を「店舗で串うち」

「串うち」の募集広告
株式会社鳥貴族　ホームページより

4▶5▶3　市場の国際化に対応したチーム作り「多国籍スクラムバイト」

　訪日外国人が年間 3000 万人に迫る一方、日本で生活する在留外国人は 2018 年で 263 万 7000 人を数える。

　外国人労働者数は 2017 年で約 128 万人。入管法が改正されれば、今までよりもより多くの外国人を外食産業は受け入れることができる。

　求人誌「タウンワーク」でも「留学生」を歓迎する職場の求人件数は、前年比で 2 倍近く伸びている。飲食店で、コンビニで、外国人スタッフを見かけることはもはや日常で、急増していることは日々実感できるであろう。

　外国人スタッフの活用は、日本人が採用できないからという代替的なものではなく、むしろ積極的に採用することで国際化した現在のマーケットに対応した組織を作るべきだ、と㈱リクルートジョブズは指摘する。

　同社が 2016 年に発表したトレンド予測では、これを「**多国籍スクラムバイト**」と呼んでいる。

　外国人労働者について同社が取材した企業によると、「学ぶ意欲や責任感が強い」「自分の成長に繋げる姿勢」「はっきりと意見を言う」などが外国人スタッフの強みとしてあげられた。

図表 4-20　在留外国人の増加

日本で生活する消費者であり、働く人でもある在留外国人が増加

2,600,000
2,500,000
2,400,000
2,300,000
2,200,000
2,100,000
2,000,000
1,900,000
1,800,000
1,700,000
（人）
2007 2008 2009 2010 2011 2012 2013 2014 2015 6月末 2015 2016 6月末 2016 2017 6月末
（年）

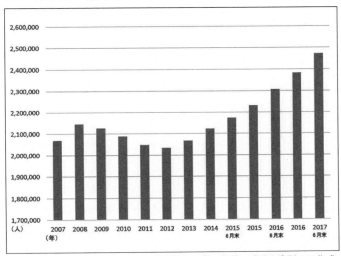

在留外国人数の推移　法務省資料より作成

図表 4-21　〈事例〉「多国籍スクラムバイト」による経営者・スタッフの意識変化

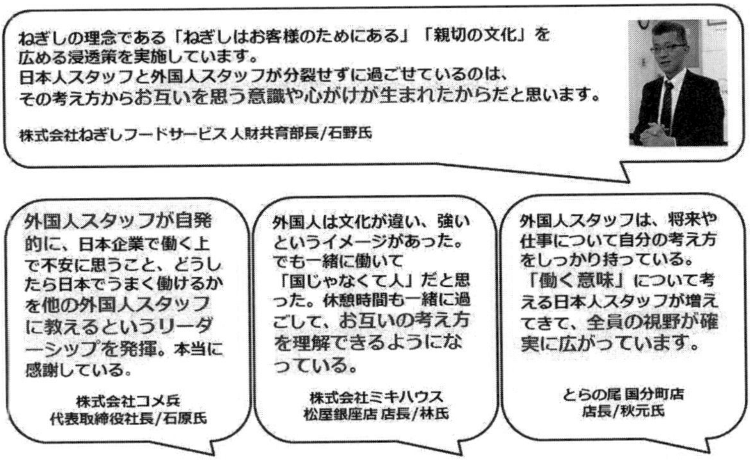

ねぎしの理念である「ねぎしはお客様のためにある」「親切の文化」を広める浸透策を実施しています。
日本人スタッフと外国人スタッフが分裂せずに過ごせているのは、その考え方からお互いを思う意識や心がけが生まれたからだと思います。
株式会社ねぎしフードサービス 人財共育部長/石野氏
外国人スタッフが自発的に、日本企業で働く上で不安に思うこと、どうしたら日本でうまく働けるかを他の外国人スタッフに教えるというリーダーシップを発揮。本当に感謝している。
株式会社コメ兵 代表取締役社長/石原氏
外国人は文化が違い、強いというイメージがあった。でも一緒に働いて「国じゃなくて人」だと思った。休憩時間も一緒に過ごして、お互いの考え方を理解できるようになっている。
株式会社ミキハウス 松屋銀座店 店長/林氏
外国人スタッフは、将来や仕事について自分の考え方をしっかり持っている。「働く意味」について考える日本人スタッフが増えてきて、全員の視野が確実に広がっています。
とらの尾 国分町店 店長/秋元氏

資料：㈱リクルートジョブズ　2016年　トレンド予測

また、外国人のお客様が多い店舗では、外国人の立場からお客様ニーズが理解でき、接客に反映できるなどマーケティング観点での外国人スタッフの活用メリットを指摘する企業もある。

図表4-21で見るように、外国人スタッフを活用する企業からは、チームワーク力のアップや、日本人スタッフの視野が広がるなどの効果を指摘する声が多く聞かれる。

「異質」が同居することにより、相手を理解しようとする積極的な姿勢や、相手の積極性を見て改めて自身の仕事の意味を問うなど、異文化コミュニケーションの良い作用が現場に起きているようだ。

外国人居住者が多い街

外国人の居住者も大きく増加しており、首都圏など都市部でその傾向が顕著である。

三浦展著『都市集中の真実─東京23区町丁別人口からみえる問題点』に

図表 4-22　外国人居住者比率が 20％以上の街

市区町村名	大字・町名	字・丁目名	人口総数	外国人数	外国人比率
江東区	青海	2丁目	1,035	777	75.1%
港区	愛宕	2丁目	512	206	40.2%
新宿区	大久保	1丁目	4,402	1,703	38.7%
葛飾区	西新小岩	2丁目	963	364	37.8%
新宿区	百人町	1丁目	4,443	1,495	33.6%
千代田区	神田佐久間河岸		119	39	32.8%
港区	赤坂	1丁目	533	174	32.6%
新宿区	百人町	2丁目	5,004	1,598	31.9%
新宿区	大久保	2丁目	8,442	2,650	31.4%
渋谷区	代々木神園町		160	46	28.8%
港区	六本木	6丁目	1,528	417	27.3%
文京区	後楽	1丁目	759	203	26.7%
新宿区	河田町		2,905	752	25.9%
台東区	上野	2丁目	174	45	25.9%
新宿区	戸塚町		226	56	24.8%
台東区	東上野	2丁目	824	202	24.5%
豊島区	東池袋	1丁目	1,136	262	23.1%
豊島区	池袋	1丁目	2,587	595	23.0%
豊島区	池袋	2丁目	6,353	1,440	22.7%
目黒区	駒場	4丁目	1,609	360	22.4%
台東区	上野	6丁目	287	64	22.3%
豊島区	池袋	4丁目	3,643	800	22.0%
中央区	京橋	2丁目	170	37	21.8%
新宿区	百人町		17,668	3,798	21.5%
港区	六本木	1丁目	2,224	477	21.4%
台東区	上野	5丁目	689	146	21.2%
港区	赤坂	5丁目	835	176	21.1%
新宿区	下落合	1丁目	2,537	525	20.7%
港区	元麻布	3丁目	1,633	328	20.1%

『都市集中の真実─東京23区町丁別人口からみえる問題点』三浦展著　筑摩書房刊より

よると、東京 23 区内に居住する外国人数は、2011 年に約 35 万人に対し、2017 年には約 41 万人と急増している。また街によって人口総数に対する外国人比率が非常に高い街が出現しており、江東区青海　75.1%、港区愛宕 40.2%、新宿区大久保　38.7%　とその比率の高さに驚く。

　本書第 1 章　（株）ワンダーテーブル　秋元巳智雄社長のインタビューで「今の市場では、日本人で日本人を相手に商売と言うこと自体が、もはやナンセンスだと思っています」というお話がある。

　外国人は労働者であると同時に、日本で暮らす生活者だ。労働者としてだけでなく、市場がグローバル化してゆく中、“グローバルな”考え方に改めなければならないのだ。

ようやく動き始めた「規制緩和」

　外国人労働者の就労ビザ発給基準が各種産業での現実に即していないと指摘され続け、各種団体からの陳情なども行なわれてきたこの問題が、ようやく動きを見せ始めている。

　2018 年 6 月、経済財政諮問会議において外国人労働者の受け入れを拡大する方針が表明され、関連法の改正案が国会で議論される見通しとなっている。これまで求められてきた高い専門性を持たない外国人労働者にも門戸を開放することで、2025 年までに外国人労働者を 50 万人以上増やす計画であるという。

　飲食業をはじめサービス産業においては、構造的に外国人労働者を含む「潜在労働力」を活用することが必須と言われ続けてきたが、2020 年を契機に、性別や年齢、国籍や人種を超えた真のダイバシティ、グローバルで開かれた労働市場に進化することが国内外から求められている。

「ポケット翻訳機」の登場……テクノロジーでコミュニケーション支援

　ポケットサイズの翻訳機が 2017 年ころより市場に登場し、人気である。

　各社の仕様はそれぞれ異なるが、言語数が多い機種ではが 70 カ国語以上に対応し、翻訳と同時に文字でも表示される。価格も 2 万円から 3 万円、業務用のレンタルでも月額数千円と安価だ。

ポケット翻訳機の例 「POCKTALK Ⓡ（ポケトーク）W」ソースネクスト株式会社提供

　こうした翻訳機は、外国人への接客に活用することはもちろんであるが、外食業界にとっては下記の3つの使い方で有効と思われる。

〈外国人への接客〉→お客様の言語に合わせて重要事項を伝える
　別料金やチャージなど料金にかかわる件やメニュー内容・調理方法の選択、時間制限など、きちんと伝わらなければ後でトラブルになりかねない要件については、翻訳機を使って正確に伝えることが有効と思われる。
　注文を取る場面では、外国語表記のメニューがあればそれで担保でき、指差しでもコミュニケーションが可能。またメニュー名や食材の種類、部位などの単語は専門的であるがゆえに正確性は限界がある。

〈外国人スタッフの語学トレーニング機〉
　日本語の習得度が低い外国人労働者に対して、日本語の語学トレーニング機として活用する。
　　　例）■母国語→日本語　母国語で話して、日本語での言い方を学ぶ
　　　　　■日本語→母国語　わからない日本語を調べる
　　　　　　　　　　　　　　自分の日本語が伝わるか、チェックしてみる

〈日本人スタッフのコミュニケーション支援〉
　来店の挨拶だけでもお客様の母国語でしてあげよう！というホスピタリティはいくつかの飲食店で取り組んでいるが、こうした取り組みのサポートツールとして、また、外国人スタッフと日本人スタッフのコミュニケーショ

ンのサポートとしても活用は期待できそう。

筆者は、このポケット翻訳機を早速入手し、英語で何と言ったらよいかわからない時の確認や、自分の英語の発音が通じるか？のチェックに使用しているが、その正確性とスピードには驚くばかりで、大変重宝している。

日本語の習得度が高くない外国人にとって、その不自由さや不安さは想像に難くないが、筆者の知る飲食店経営者は、来日して日の浅いミャンマー人従業員に、日本語トレーニング機としてポケット翻訳機の貸与を検討している。気軽で便利に学習できることで日本語の習得スピードが高まる期待はもちろん、翻訳機を用意してくれるという待遇が店・会社に対するロイヤリティにもつながる。

テクノロジーの進化には驚かされるが、この分野はますます進化し、日本の外食産業のグローバル化に貢献するものと期待できる。

4▶5▶4　日本的ガンバリズムが生んだ「過重労働」を生む構造

なぜ日本のサービス業は労働集約的で生産性が低いのか？　特に外食産業の正規雇用者の長時間労働は他産業に比べて突出している。

日本の外食市場は地域に差はあれ、基本的にはオーバーストア状態で、競争が激しい。ここにマイナスの構造がある。

厳しい競争の中、経営は利益を増やすために現場への要望を高める。現場はそれに応えて、例えば人数を変えずに幅広い業務に対応し経営からの要望に応えようとする。

FL は最も代表的な飲食店の管理指標であるが、L は利益に直結するだけに、限界まで L を圧縮した経営が長時間労働を招く。日本人はそもそも勤勉で、単に規定された JOB だけでなく、職域を超えた協働も得意で、チームワーク、改善提案など役割意識が高い。

経営者の高い要望と現場の「日本的なガンバリズム」という日本の経営の素晴らしいところが、店や会社の成長の一方で、現場の負荷が高く、人材のスキルと長時間労働に依存した構造を生み、システム化や機械化投資を遅らせてきた、こうした構造に見えてならない。

休眠労働力である「主婦」「中高齢者」の活用や「外国人」を含めたチーム作りは、若年労働力が減少するこれからの時代の必須テーマとなる。

機械化、IT 化を進めると同時に、勤勉な労働力に依存しすぎない、新たな人材マネジメントを個々の飲食店が作り上げ、このマイナスの構造を変革しなければならない。

4▶5▶5　「潜在ワーカー」の活用と同時に、意識改革が必要

労働人口の減少は、もはや「若者が採れないから、代わりに主婦、中高齢者、外国人」ではなく、様々な労働力の「強み」を積極的に組み合わせて活用するという考え方に転換することを必要としている。

「職業に貴賎なし」とは言われているが、そもそも職種や就業形態に貴賎はない。補助的な業務をパート・アルバイトに任せるといった前時代的な考え方ではなく、働く人それぞれの「強み」を積極的に生かした新しい人材マネジメントスタイルを確立する企業側の努力が必要なのだ。

考えてみれば、これまでの採用はなぜ「若者」だったのだろうか？

それは第 3 章でみたように、1970 〜 1990 年代の日本は若者人口が多かったから、若者をターゲットにした店も多く、働く若者も、学生、フリーターと豊富に市場に存在した、ということではないだろうか？

市場の構造が変わった今、現場の採用、チーム作りはこれまでの慣習や常識を捨て、労働市場に合った姿に変わるべきなのだ。

アルバイト・パートの採用支援サービスを提供する、HR ソリューションズ株式会社　代表取締役社長　武井繁氏が著書『潜在ワーカーが日本を豊かにする』で、シニア、主婦、外国人の活用について詳しく解説している。

同書の中で著者は、
「長時間労働のマルチプレイヤーより短時間労働のスペシャリストを」と

『潜在ワーカーが日本を豊かにする』HR ソリューションズ株式会社　代表取締役社長　武井　繁著　ダイヤモンド社

「潜在フーカー」の活用を提唱している。正規雇用、非正規雇用、フルタイム勤務という概念から抜け切れず、「あらゆる仕事をこなしてくれる」従業員を重んじるような企業の意識について警鐘を鳴らし、企業と新しい働き手が共存するための意識改革が必要だとしている。

　日本の労働力は絶対数が減少を続け、2020年には34歳以下の若年労働力は日本の労働人口の約1／4にまで減少し、55歳以上シニア層は労働力人口の約1／3に届く。この状況から考えれば、外食産業は潜在ワーカーを活用することが必須なのだ。

　潜在的な労働人口を改めて見てみると、

働くシニア層	………	2,528万人
未就業主婦	…………	641万人
在留外国人数	………	256万人
計		3,425万人

※①60歳～74歳の総数　総務省統計局　人口推計　平成30年6月現在
※②労働政策研究・研修機構　専業主婦世帯数と共働き世帯数の推移　平成29年度
※③法務省　平成29年末現在における在留外国任数について

　これだけの潜在労働力が日本にはまだある。

　外食産業は、「バイト・パートは若い人」「フルタイム、マルチタスク」という旧来の考え方を改め、人材マネジメントでイノベーションを起こさねばならないのだ。

4▶6　働く人々が光り輝く「産業」創造へ——サービス業の生産性向上は日本の課題であり、希望である

　日本のGDPと雇用の約7割を占めるサービス産業。外食・中食の市場規模は28兆円と自動車産業の国内出荷額19兆円を上回り、従業者数は外食産業だけでも約450万人に達する（個人的にはもっと多いと感じているが）。

　一方で外食産業の生産性は諸外国に比べて低く、日本の製造業の生産性の高さが世界のモデルになったことと対照的である。

　製造業の生産拠点は海外に移り、かつての製造業のような雇用吸収力は製造業にはない。

　これからの日本の雇用はサービス産業が支えていくといっても過言ではな

いのだ。

　平成27年3月2日、安倍総理は、都内で開催された日本生産性本部主催「生産性運動60周年記念パーティー」の挨拶にて次のように発言している。

《日本は本格的な少子高齢、人口減少といった課題に直面しています。我が国の経済が持続的な成長を続けていくために必要な残るピースは何か。それはサービス産業です。

　この60年間、日本の製造業の生産性は飛躍的に向上し、世界のモデルとなりました。しかしながら、産業構造は大きく変化をしました。今や、我が国のGDPそして雇用の7割を担うのは、サービス産業です。しかし、長年の間、日本のサービス産業の生産性は、製造業と比べても、また、諸外国と比べても、低い水準です。産業としてのポテンシャルを発揮しきれていないというのが実情ではないでしょうか。今後、サービス産業では、製造業からのアウトソーシングや、社会構造の変化による新たな需要などにより、市場の創造、拡大が見込まれます。サービス産業の生産性が伸び悩んでしまっては、日本経済全体の底上げは、困難です。生産性向上の新たな国民運動の一章は、サービス産業にこそ向けるべきであると、私はそう確信しています。》

（首相官邸ホームページ記載より抜粋）

　こうした期待を担う外食産業は、働く人々にとっても魅力的で、働く人々自身が輝かねばならない。

　そのためには……

・高い価値を提供し対価を得られる産業となる

　（決して高級志向ということではない）

・労働分配率を高め、働く人々が経済的にもっと豊かになれる

・多様な労働力を受容し、働く人それぞれが働く喜び、経済的な満足、社会接点を持てる

といった進化が必要である。

　これからの日本の基幹産業の一つとして、生産性を向上させ、高い付加価値を生み出し、高い収益を上げる、そういう産業にならなくてはならないのだ。

第4章 外食産業の進化に向けて 181

4▶7 ホスピタリティビジネスの「産業化」

　産業革命が一気に加速し、労働集約的業務から解放された「人」が、おもてなしや質の高い商品を磨き、店はふさわしい対価として高い収益を上げる。

　働く人々は、それぞれがやりがいを感じ、成長し、経済的欲求も満たす。そんな産業に生まれ変わることが求められている。「産業革命」はそのために加速度を上げなければならない。

　人口増加、経済成長を前提とした従来型の外食産業ではなく、これからの時代に対応した「ホスピタリティ産業」として再生しなければならない。

4▶7▶1 ロイヤルホールディングス株式会社　会長(兼)CEO
　　　 一般社団法人　日本フードサービス協会　第17代会長
　　　 菊地唯夫氏インタビュー

　2016年5月　一般社団法人　日本フードサービス協会会長にロイヤルホールディングス株式会社会長　菊地唯夫氏が就任された。

　氏はもとよりこの「産業化」について各講演などで語っておられるが、あたらめてこの「産業化」についてお話を伺った。

　※本インタビューは2016年6月に行なわれたもので、2018年現在、一般社団法人日本フードサービス協会会長は、株式会社人形町今半　代表取締役社長　高岡慎一郎氏が就任。

ロイヤルホールディングス株式会社　会長(兼)CEO
一般社団法人　日本フードサービス協会　第17代会長
菊地唯夫氏に聞く

——外食の「産業化」を再定義するというのは、どのような問題意識からでしょうか？

　外食産業は約24兆円（中食を入れると約30兆円）という規模で、サービス業全体でGDPの70％を占める産業ですが、その産業が直面する「経済の成熟化」は不可逆性のものであります。

「失われた20年」というデフレの時代が長く続いたわけですが、例えば製造業は労働力を海外に求めていくという道があった。ところが外食産業は基本的に「内需」を対象にしている事業者が多いから、国内市場で生産性を上げていかなければ生き残れない。

外食がコントロールできるのはまず、「原材料費」と「人件費」。

原材料費を押し下げた結果起きてしまったのが、賞味期限の問題、異物混入の問題、表示偽装問題、外国産食材の問題などです。

また人件費を圧縮した結果生まれたのが過重労働問題です。

個別企業の問題や課題もありますが、外食産業として「産業のあり方」をもう一度考え直すべき時にきているのではないか？というのが私の問題意識です。

——外食産業が成長するために取り組まねばならない課題はどんなことでしょうか？

「規模を追求する」というのがこれまでの日本の外食産業が行なってきた王道でありました。

人口が増加し、市場が拡大する環境下では、手作りでゆっくり店を作っ

今後のホスピタリティビジネスの産業化（仮説②）

人口増加局面

需要力 ＞ 供給力

潤沢な労働力の供給があり、産業化におけるポイントは供給力ではなく、いかに需要を取り込むモデル（画一性・スピード・効率性）を構築するかに依存していた。

人口減少局面

需要力 ＜ 供給力（潜在成長力）

労働力確保が厳しくなり、かつ原材料確保が厳しくなる時代に突入し、産業化におけるポイントは需要から供給にシフトしていく。

ロイヤルホールディングス株式会社　ＩＲ資料より

ていたら他の店にお客様を奪われてしまう。お客様に喜んでいただける"パターン"があれば、それをどんどん多店舗化していくほうが早く成長できたわけです。

ところが「需要」が縮小し、かつ多様化する今の市場では、「食材調達」や「労働力の確保」といった「供給」側の制約のほうが大きくなってしまった。

「需要」側よりも「供給」側の課題が上回る今の時代においては、チェーン理論など「多店舗展開による規模の追求」だけが生産性を上げるのに有効性を持っているとは考えにくいのです。

多店舗化は知名度による安心感や、規模によるスケールメリットなどコスト構造にメリットがあったのですが、一方で多店舗化は「どこにでもある店」と飽きられてしまったり、食材調達の量的質的な限界、人材の確保が難しくなるなど、デメリットもあるわけです。今はそのデメリットのほうが大きくなってしまった。

今までの外食産業は、いかに「需要」を取り込むかが論点であったのに対し、これからの論点は「供給」に移ったのではないか？ そしてそこに答えを見出していかない限り、持続性のある産業を創ることはできないのではないか、と考えられるのです。

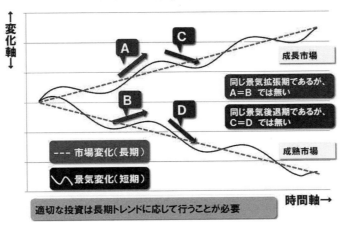

ロイヤルホールディングス株式会社　ＩＲ資料より

——これからの市場の変化はどのようなものだとお考えになるか？

　例えば、高齢化が進む中、ここ何年かは団塊世代の消費パワーが大きく、市場を「ちょい高」にしたけれども、それも少し陰りを見せ始めている。

　こうした「景気の変化」は「小さな波」であって、それは、商品開発などにはもちろん必要なのですが、「大きな市場」の変化＝直線と混同しやすい（**前頁図**）。

　ここ何年かで「ファミレス復調！」という論調があったのですが、それは小さい波と大きな直線のどちらが上がったのか？こういうことの見極めが大事だと思います。

　トレンド＝「小さな波」は戦術を考える上では重要ですが、戦略を考える上では大きな市場の変化＝「直線」の部分をいかに見るかが重要で、この部分を前提として産業化を考えていかないとサスティナブルにならない。そう考えます。

　トレンドやブームというものが過去も現在もありますが、「需要」が「供給」を上回っている時代はブームによってどんどん需要が喚起されて、多店舗化をすることで一気に成長ができた。しかしながら、「供給」に制約がある現在では、ブームを創ることは自分の首を絞めることにつながりかねません。

　当グループの話で言えば、ピンクベリー（アメリカ発のフローズンヨーグルトチェーン）をスタートした時に、「ブームを創っちゃだめだ。市場を創らなきゃいけない」と言っていました。ピンクベリーのような業態は女性に受けるから、やり方によっては、一気に人気が出て多店舗化もできる。しかしながら「市場」を作ることができなければ、最初は良くても、ブームが沈静化したら後々苦しみます。華々しくなくても、徐々に店舗数を増やしていくほうが持続性は高いと考えたわけです。

　トレンドやブームは「小さな波」であって、「戦術」を考えるためにはもちろん必要です。

　現在の市場の変化は大変大きなものであり、「戦略」は大きな世の中の動き＝「直線」で考えねばなりません。

第4章　外食産業の進化に向けて　185

――大きな動き＝「直線」としてはどのようなものがあるでしょうか？

　大きな変化の動きの中でも、伸びる可能性を持っているものがインバウンド市場でしょう。

　インバウンド市場は、ブームではなくて、市場の構造変化に対して唯一対応できる市場がそこにあるイメージです。

　東京オリンピックを契機として、インバウンド市場をいかに「直線」の大きな波にしていくのかが大切と思います。

　オリンピックまでは良くて、その後はブームが終わってしまうという懸念論調もありますが、今度のオリンピックは前のオリンピックとは違うのです。

　1964年の東京オリンピックは「新興国」としての開催。高速道路を作って、施設を作って……という公共投資が多く行なわれた結果、オリンピック後に消費が落ち込むということが起こりました。

　ところが今回の東京オリンピックは「成熟国」としての開催です。成熟国としての開催はこれまででは「ロンドン」しかない。ロンドンオリンピックは、オリンピック前2.1兆、後に4.8兆、計約7兆円もの経済効果をもたらしたという調査があります。これは政財界が一体となってロンドンを「ショールーム」化し「イギリスには、観光、文化、歴史、金融、テクノロジー……優れたものがたくさんあります。皆さんぜひ投資をしてください、遊びに来てください」と取り組んだことによるものです。

　ロンドンの例に見るように、東京オリンピックは日本の市場が本当の意味でグローバル化するチャンスであり、オリンピックを契機に、外国人がより多く、より長く滞在して、消費して満足してもらえる……そういう日本にしていくことが大事なことだと考えます。

――外食産業は「生産性」が低いという大きな課題があるが、その対策の方向性は？

　1990年代、日本は世界で一番「食」が高かったが、20年続くデフレの中で単価が下がり、世界でも「食」が安い国になってしまった。

　デフレの20年間に、材料費を削り、人件費を削り、サービスの対価を削ってしまったのです。

　生産性は、市場が拡大しているときは、分母である「効率性」を小さ

ホスピタリティ産業の生産性向上に向けて

生産性 ＝ 効率性 ？？

$$生産性 = \frac{売上総利益（粗利）}{従業員数}$$

付加価値向上
新規市場開拓
効率性向上

ホスピタリティビジネスの産業化

持 続 的 成 長
（従業員還元・株主還元・お客様付加価値向上）

ロイヤルホールディングス株式会社　ＩＲ資料より

くすることで上げられたが、デフレで苦しむ中、従業員を少なく、効率化して、もっと利益を、という分母を小さくする努力が、同時に分子である付加価値も小さくしてしまったわけです（**上図**）。

　製造業などは、例えば、円高になれば「大変だ！」といろんな対策を打つけれども、外食の場合は20年かけて〝じわじわと〟変化が起こったために、我慢してきてしまった。

　そして、もうこれ以上は耐えきれない状況にきて、ようやく観光立国、海外の日本食人気の中、改めて「付加価値」を高めようという議論になってきた。

　生産性がイコール「効率化」＝機械化など設備投資を中心に考えると、それは「大手企業の話」に聞こえてしまうかもしれませんが、「付加価値を上げる」ことは中小事業者にこそチャンスが大きいと考えます。

　大手企業は「供給」の制約が大きいので、規模が大きくなればなるほど付加価値が実現できにくい。

　中小事業者は、例えば今日入った野菜、魚を魅力的なメニューにすぐ展開し、お客様にふさわしい対価をいただく、といった取り組みができる。

　ですから、これからの市場は、〝中小企業にこそ〟チャンスが大きいと

申し上げたい。

——日本フードサービス協会としての今後の取り組みは？

　経済が成熟化する中、外食産業がさらなる発展を遂げていくためには、やはり、生産性をいかに向上させて、持続的な成長ができる産業をどう作っていくかが課題です。

　様々な業態・規模の企業がそれぞれ努力をされていることと思いますが、外食産業には個別企業の課題を超えた「産業全体の構造的な課題」が存在しており、生産性を向上させていくために、以下の3つの視点で取り組んでいくことが必要だと考えています。

1．ビジネスモデルとしての課題

　「適正な対価をもらえるサービスの構造」という持続可能な新しいモデルをいかに作り出すか。効率化だけでなく、「質の高いサービスを提供する人材の育成」「食材の生産者との連携」「海外市場へのアプローチ」などの「付加価値」を上げることによる生産性向上が課題です。

2．社会的環境の変化

　消費者の価値観が多様化する中、安全・安心、労務問題、環境問題など「企業の社会的責任」に対して意識が高まっており、企業はそれらに応えねばならない。

　外食産業の社会的地位を向上させていくためにも不可欠なポイントと考えられます。

3．社会的枠組み

　外食産業は日本の社会の制度的枠組みにより大きな影響を受けます。

　社会保険問題、軽減税率問題は、特に外食産業の将来に大きな負担となる可能性が高い。

　日本はこの20年で、生産性の高い製造業が減って、生産性の低いサービス産業が増えてきた結果、一人あたりのGDPは世界27位です。

　サービス産業の生産性を向上させないと、日本の豊かさは取り戻せない、そう考えています。

　外食産業の生産性が低いのは、企業側の問題だけではなく、上記のよ

うな産業としての構造的課題があり、その問題の解決に向けて、日本フードサービス協会は努力していかなくてはならないと考えています。

2016 年 6 月

聞き手　料飲稲門会会長　桑原才介

筆者　竹田クニ

第4章　外食産業の進化に向けて　189

最後に

　概して日本市場の外食は安いと評されることが多い。一杯数百円で、これ
だけ安全、安心で質の高い食事ができる国は他になく、また伝統的な日本食
の人気はすっかり定着し、2014年には和食は世界無形文化遺産に登録された。
　sukiyaki、tempura、syabu-syabu、ramen以外にもumami、edamame、
bento……日本の食文化は世界共通の言葉になりつつある。
「良いものをより安く」という日本人特有の勤勉さによる不断の改善が、世
界に誇るべきクオリティを作り上げてきた。
　日本の飲食店のおもてなしのレベルは高く、注文を取りに来てくれて、上
げ下げもやってくれるフルサービスが当たり前に提供される。世界的に見れ
ばこのサーブという行為は有料なのである。
　そんな誇るべき日本の外食産業が、生産性が諸外国に比べて低く、就職で
は不人気業界、ときにブラック業界などと揶揄されたり、平均賃金や年間休
日が他業界と比較して低い、というのは大変に残念でならない。

4▶7▶2　20世紀の成功体験からの脱却

　外食産業が拡大を続けていた20世紀と、現在・これからを比較すると、
下記のようにほぼ「真逆」と言ってよい。

図表 4-23

	人口	所得	市場規模	トレンド	労働力	メディア
20世紀	増加	拡大	拡大	洋風化	豊富な若年労働力	マスメディア影響力大
現在・これから	減少	格差拡大	縮小	日本回帰地方回帰	供給難	多様化

　外食産業の今があるのは、高度成長期の市場拡大にイノベーションを起こ
し、失われた20年という厳しい競争を創意と工夫で乗り切ってきた、先達
の努力の賜物に他ならない。
　しかしながら、大きく時代が変化した今、20世紀の成功体験を疑うこと
も必要だ。

20世紀の成功体験を盲信するのではなく、マーケティング（消費者の視点）、そしてグローバルな視点で、外食産業が今の時代に合ったホスピタリティ産業として生まれ変わるための「課題設定」が重要だ。

そして、外食産業が、多くのお客様の笑顔を作り出し、働く人々が誇りを持って活き活きと輝き、食材の生産者や流通に関わる人びとにやりがいと潤いをもたらす。そんな進化発展のためには、外食産業にかかわるステイクホルダーが業界や立場を超えて連携・協働することが必要である。

本書は非常に広範囲なテーマを取り上げたが、外食産業が進化発展してゆくための「課題発見」や「課題解決のヒント」を少しでも提供できたら幸いである。

あとがき

▶外食産業は特殊な業界なのか？

　私は外食と関わる以前に18年間ほど企業の人材採用・教育に携わっていた時期があり、その間ほとんどすべての業界と言ってよいほど**沢山の業界のお客様**を担当しました。

　当時から不思議に思っていたことは、ほとんどの業界の方が「**ウチの業界は特殊だから**……」とおっしゃるのです。

　この業界は特殊だから……

　それは都会の話だから……

　それは大手の話だから……

　こんな閉塞思考に陥ってしまっては、イノベーションは進みません。

　業界や地域、規模が違っても、ベンチマークすべき企業や、学ぶべき事例はたくさんあるはず。他と比べて異なることは確かにありますが、**見るべきは「違い」「特殊性」ではなく、「類似性」「汎用性」**であると思います。

▶「外食業界人」じゃなかったから見えるものもある

　私が外食産業に本格的にかかわりだしてからはまだ8年余りですが、業界何十年、学生のころからずっと外食産業、という方々に向けて、大変僭越ながら敢えて本書を書こうと思ったのは、「よそ者」だから気づくこと、見えることで業界に貢献したい！という想いに他なりません。

　特に「マーケティング」に関しては、**外食向けに書かれた書籍はほとんどなく**、私が日々取り組んでいる仕事がお役に立てるのではないか？と考えたのです。

　本書は**外食産業の「進化論」**という広範囲なテーマを扱わせていただきました。

　極力、事例等をいれながら具体的にわかりやすいものを目指しましたが、広範囲なテーマに及んだ分、テーマによっては消化不良に感ずるものもあるかもしれません。より深く掘り下げてみたいテーマがあれば、参考文献等を極力明記しているので、活用いただければと思います。

▶未来を創る仕事

　私はエヴァンジェリストという変わった肩書で、業界内外のさまざまな方々と交流し、学び、繋ぎ、そして創造するという活動をしています。

　外食産業は、経営者、従業員のほか、一次生産者、流通、卸、食材メーカー、食器メーカー、人材紹介・派遣、メディア etc. たくさんのステイクホルダーによって成り立っていることは言うまでもありません。

　有難くも本書を手に取っていただいたステイクホルダーの皆さんと共に学び、手を携えてこの業界の進化発展に貢献したい！　そんなふうに思っています。

　皆様の経験と知恵を合わせて、来たるべき未来を目指して、一人ひとりが変革の当事者になる、そんな気概を持とうではありませんか。

　ステイクホルダー一人ひとりのイノベーションの積み上げが、必ず大きなうねりとなるはずです。

　外食産業の「未来を創る仕事」、ぜひご一緒にできたら幸いに存じます。

　本書を執筆するに当たり、数多くの方に多大なるご協力をいただきました。末筆ながらここにお名前を掲載させていただき、御礼を申し上げます。（順不同）

＜インタビュー、資料等ご協力＞
ロイヤルホールディングス　株式会社　会長（兼）CEO、
　一般社団法人　日本フードサービス協会　第 17 代会長、　菊地唯夫様
株式会社ワンダーテーブル　代表取締役社長　秋元巳智雄様
カルチャースタディーズ研究所　三浦　展様
株式会社シャルパンテ　代表取締役社長　藤森　真様
株式会社　湯佐和　代表取締役　湯澤　剛様
株式会社バックパッカーズ　代表　佐藤　卓様
株式会社ナレッジ・ネットワークス　代表取締役　中島　孝治様
HR ソリューションズ株式会社　代表取締役　武井　繁様
早稲田大学校友会・料飲稲門会　会長　桑原　才介様
＜事例等ご協力＞
株式会社ロット

あとがき　193

株式会社エーピーカンパニー「塚田農場」、株式会社塚田農場プラス

ミニストップ株式会社　「cisca」

株式会社　成城石井　「le bar a vin 52」

株式会社　鳥貴族　「鳥貴族」

ロイヤルホールディングス株式会社「てんや」「ギャザリング・テーブル・パントリー馬喰町店」

新富町「ポンデュガール」

八丁堀「maru」

八丁堀「tamaya」

宝町「ぶーみんヴィノム」

吉祥寺「ニライカナイ」

大阪市　居酒屋「てんてん」

三鷹　「ハモニカ横丁　三鷹」

仙台　「古々がみそ」

長岡　「和創作　灯」

株式会社ドン・キホーテ

株式会社ねぎしフードサービス

ソースネクスト株式会社

株式会社コメ兵

株式会社ミキハウス

仙台「とらの尾　国分町店」

株式会社ファーストドロップ

株式会社ダイニングファクトリー

株式会社イタリアン・イノベーション・クッチーナ

株式会社光文社

株式会社PHP研究所

株式会社プレジデント社

株式会社朝日出版社

株式会社ダイヤモンド社

株式会社平凡社

株式会社ゆこゆこ

株式会社リクルートジョブズ

株式会社リクルートライフスタイル

著者………竹田クニ（たけだ・くに）
株式会社ケイノーツ　代表取締役
株式会社リクルートライフスタイル　ホットペッパーグルメ外食総
研　エヴァンジェリスト
日本フードサービス学会　会員
一般社団法人　日本フードビジネスコンサルタント協会　専務理事
早稲田大学校友会　料飲稲門会　常任理事
1963年生まれ。株式会社リクルートで東京、静岡、長野などで営
業Ｍｇｒを経験したのち、旅行業界のネット予約移行期に営業責任
者として業界の進化に伴走するほか、地域活性事業のプロデューサー
として事業受託、講演活動など行なう。2011年ホットペッパーグル
メリサーチセンターの立上げとともに飲食情報事業に異動し初代
センター長に就任。
現在は（株）リクルートライフスタイルの外食に関する調査研究機
関「ホットペッパーグルメ外食総研」エヴァンジェリストとして、
また自身の事業会社である（株）ケイノーツ　代表取締役としてマー
ケティング、消費者の価値観変化、生産性向上などをテーマに記事
執筆、講演、官庁自治体への政策提言活動など行なうほか、外食、
中食、給食を結ぶＢ to Ｂマッチングも手掛けている。

装丁……………佐々木正見
ＤＴＰ組版……勝澤節子
編集協力………田中はるか

【増補改訂版】リクルートの伝道師（エヴァンジェリスト）が説く
［図解］**外食マーケティングの極意**
図表とイラストでわかる外食産業進化論

発行日❖2016 年 8 月 10 日　初版　第 1 刷
　　　　2018 年 12 月 31 日　増補改訂版　第 1 刷

著者
竹田クニ
発行者
杉山尚次
発行所
株式会社**言視舎**
東京都千代田区富士見 2-2-2　〒 102-0071
電話 03-3234-5997　FAX 03-3234-5957
http://www.s-pn.jp/
印刷・製本
モリモト印刷㈱

© Kuni Takeda, 2018, Printed in Japan
ISBN978-4-86565-134-8 C0036